Manual del Proveedor de Servicios

Prácticas de Excelencia para Convertir Clientes en Fans

Paulo Ehms

MMXXIV

Aviso de Derechos de Autor © 2024 Paulo Ehms.

Todos los derechos reservados. Ninguna parte de este libro puede ser reproducida, almacenada o transmitida de ninguna manera o por ningún medio, ya sea electrónico o mecánico, incluyendo fotocopias, grabaciones o cualquier sistema de almacenamiento y recuperación de información, sin el permiso por escrito del titular de los derechos de autor, excepto en casos de breves citas incorporadas en reseñas críticas y otros usos permitidos por la ley de derechos de autor.

Para solicitudes de permisos e feedback comuníquese con: pauloehms@hotmail.com

Table

Introducción 4
    Explorando el Mundo del Proveedor de Servicios 4

Capítulo 1 6
    Desentrañando el Mundo del Proveedor de Servicios 6
    Importancia del Manual del Proveedor de Servicio 8

Capítulo 2 11
    Perfil del Proveedor de Servicios 11
    Habilidades Necesarias 13
    Perfil del Proveedor de Servicios 16

Capítulo 3 19
    Preparación 19
    Certificaciones Relevantes 21
    Portafolio 24

Capítulo 4 27
    Estableciendo tu Negocio 27
    Registros y Licencias 30
    Planeamiento Financiero 32

Capítulo 5 36
    Marketing Personal 36
    Estrategias de Marketing 39
    Utilización de las Redes Sociales 41

Capítulo 6 45
    Gestión de Clientes 45
    Comunicación 48
    Resolución de Conflictos 51

Capítulo 7 54
- Prestación de Servicios 54
- Gerenciamiento de Proyectos 57
- Calidad en el Servicio 60

Capítulo 8 63
- Aspectos Legales y Contractuales 63
- Derechos y Deberes 66
- Resolución de Conflictos 69

Capítulo 9 73
- Herramientas y Recursos Útiles 73
- Plataformas de Marketing 76
- Networking 79

Capítulo 10 83
- Mejora Profesional Continua 83
- Educación Continua 86
- Adaptación a los Cambios 90

Capítulo 11 94
- Estudios de Caso Ejemplos Prácticos de Proveedores de Servicios Exitosos 94

Capítulo 12 98
- Ética en la Prestación de Servicios y su Contribución a la Construcción de una Reputación Duradera 98
- La importancia del "Buen Nombre" 102

Conclusión 105
- Recapitulación de los Puntos Clave 105
- Aliento para el Éxito Continuo 108

Libros Recomendados de Recursos Adicionales 112

Introducción

Explorando el Mundo del Proveedor de Servicios

¡Bienvenido al "Manual del Proveedor de Servicio"! Este libro ha sido cuidadosamente elaborado para guiarte a través del fascinante universo del emprendimiento y la prestación de servicios. Ya seas un prestador de servicios experimentado o estés considerando iniciar esta jornada, esta guía proporcionará valiosos conocimientos, consejos prácticos y orientación fundamental para tu éxito.

En un escenario dinámico y cada vez más competitivo, la prestación de servicios emerge como una vía prometedora para profesionales autónomos y emprendedores. Ya seas diseñador gráfico, programador, consultor o cualquier otra profesión, este manual ofrecerá un completo itinerario, desde la construcción de tus habilidades hasta la gestión efectiva de tu propio negocio.

En el Capítulo 1, daremos los primeros pasos, contextualizando la importancia de este manual y destacando cómo se convertirá en una herramienta valiosa en tu trayectoria. A lo largo de las páginas, exploraremos temas cruciales como la definición del perfil ideal del prestador de servicios, la preparación necesaria para enfrentar desafíos y la estructuración de tu propio negocio.

A partir de aquí, nos embarcaremos en un viaje de aprendizaje y mejora, abordando desde aspectos prácticos como la elaboración de contratos y la gestión de clientes, hasta la construcción de una presencia en línea efectiva y estrategias para destacarte en el mercado.

Prepárate para descubrir herramientas y recursos útiles que optimizarán tu productividad y eficiencia, además de aprender de inspiradores estudios de caso de prestadores de servicios exitosos.

Al concluir este viaje, esperamos que te sientas capacitado e inspirado para alcanzar nuevos niveles en tu carrera como prestador de servicios. Prepárate para explorar este emocionante camino lleno de desafíos, logros y crecimiento profesional. El éxito te espera, ¡y este manual es tu guía confiable en esta emocionante jornada!

Capítulo 1

Desentrañando el Mundo del Proveedor de Servicios

Bienvenido al corazón de esta guía, donde juntos desentrañaremos el intrincado mundo del prestador de servicios. Este capítulo inicial sirve como puerta de entrada a un viaje lleno de descubrimientos, aprendizajes y, sobre todo, oportunidades para tu crecimiento profesional.

1.1 ¿Por qué Este Libro?

Descubre el Propósito: Al lanzar este libro, nuestro objetivo principal es proporcionarte una brújula confiable en medio del vasto territorio de la prestación de servicios. La complejidad del escenario actual exige un enfoque estratégico, y esta guía ha sido concebida para ser tu brújula, guiándote en cada desafío, cada decisión y cada momento de crecimiento.

1.2 ¿Qué Esperar?

Hoja de Ruta hacia el Éxito: A lo largo de las siguientes secciones, exploraremos los fundamentos esenciales que componen la trayectoria del prestador de servicios. Desde la definición del perfil ideal hasta la gestión de clientes, cada tema ha sido cuidadosamente seleccionado para capacitarte a navegar por las aguas a menudo turbulentas de este sector, proporcionándote las herramientas necesarias para construir una carrera sólida y exitosa.

1.3 ¿Para Quién está Destinado Este Libro?

Una Guía Universal: Este libro está destinado a una amplia gama de profesionales, desde aquellos que están dando sus primeros pasos en la prestación de servicios hasta los emprendedores más experimentados. Ya seas diseñador, consultor, escritor o profesional de cualquier área, la información contenida aquí es adaptable y relevante para todos los prestadores de servicios que buscan destacarse en el mercado.

1.4 ¿Cómo Usar Esta Guía?

Navegando por las Páginas: A lo largo de este manual, encontrarás consejos prácticos, ejemplos del mundo real y ejercicios que te desafiarán a aplicar el conocimiento adquirido. Sugerimos que leas de forma secuencial, pero siéntete libre de explorar las secciones según tus necesidades específicas.

Estamos emocionados de comenzar este viaje contigo. Vamos a sumergirnos juntos en las páginas del "Manual del Proveedor de Servicio" y descubrir las estrategias que impulsarán tu éxito en este mundo dinámico y desafiante. ¡El viaje comienza ahora!

Importancia del Manual del Proveedor de Servicio

1.2 Importancia del Manual del Prestador de Servicio

El mundo de la prestación de servicios es vasto, dinámico y, a veces, desafiante. En este contexto, surge la pregunta: ¿por qué un manual específico para prestadores de servicios es tan crucial? La respuesta radica en la comprensión de que la preparación adecuada y el conocimiento sólido son fundamentos indispensables para construir una carrera exitosa. Vamos a explorar la importancia fundamental de esta guía y cómo se convierte en una herramienta indispensable para el prestador de servicios moderno.

1.2.1 Orientación Estratégica

Navega con Confianza: Al ingresar al universo de la prestación de servicios, es fácil sentirse perdido entre tantas opciones, desafíos y decisiones. Este manual proporciona orientación estratégica, ayudándote a trazar un camino claro y a tomar decisiones informadas. Tener una visión integral de los fundamentos esenciales te capacitará para actuar con confianza y determinación.

1.2.2 Reducción de Obstáculos

Anticípate a los Desafíos: La prestación de servicios presenta una serie de desafíos, desde la competencia acérrima hasta cuestiones legales complejas. El manual aborda estos obstáculos de frente, ofreciendo ideas y estrategias para anticipar y superar los desafíos comunes. Estar preparado para las adversidades es clave para evitar trampas y mantenerse resiliente.

1.2.3 Construcción de Bases Sólidas

Crea una Carrera Duradera: Para construir una carrera sólida, es esencial tener bases sólidas. Este manual proporciona información práctica y una estructura para el desarrollo continuo. Aprender los fundamentos desde el principio es como construir cimientos robustos, asegurando que tu carrera crezca de manera sostenible con el tiempo.

1.2.4 Adaptación a los Cambios

Mantente Actualizado: El mundo de los negocios y de la prestación de servicios está en constante evolución. El manual, además de abordar las prácticas actuales, ofrece ideas sobre cómo adaptarse a los cambios en el mercado. La capacidad de mantenerse relevante e innovador es una ventaja significativa, y esta guía te prepara para enfrentar los desafíos del futuro.

1.2.5 Empoderamiento del Profesional

Transforma el Conocimiento en Poder: Al comprender la importancia de este manual, te empoderas con conocimientos que van más allá de la teoría. El objetivo es capacitarte para tomar decisiones informadas, asumir el control de tu carrera y transformar el conocimiento en poder. Esta guía es una herramienta dinámica para construir tu éxito.

Al comprender la importancia de este manual, estarás listo para sumergirte en las secciones siguientes, preparado para absorber las ideas, estrategias y orientaciones prácticas que te guiarán en la construcción de una carrera de prestación de servicios exitosa. El viaje acaba de comenzar, y tú estás al mando.

Capítulo 2

Perfil del Proveedor de Servicios

2.1 Qualidades Esenciales

Para recorrer con éxito el camino de la prestación de servicios, es crucial desarrollar y perfeccionar ciertas cualidades esenciales que moldean su identidad profesional y determinan el nivel de excelencia que puede alcanzar en sus emprendimientos. Vamos a explorar algunas de las cualidades fundamentales que caracterizan a un prestador de servicios exitoso.

2.1.1 Profesionalismo

Compromiso con la Ética: Ser un prestador de servicios implica en representar no solo a sí mismo, sino también a los valores éticos de su trabajo. El profesionalismo va más allá de las habilidades técnicas; implica cumplir con plazos, comunicarse de manera efectiva y tratar a clientes y colegas con respeto. Es la base sobre la cual se construyen relaciones profesionales sólidas.

2.1.2 Empatía

Comprensión del Cliente: Entender las necesidades y expectativas de los clientes es una habilidad esencial. La empatía permite que usted se ponga en el lugar del cliente, comprendiendo sus preocupaciones y deseos. Esta cualidad fortalece la relación profesional y guía la entrega de servicios personalizados y de alta calidad.

2.1.3 Comunicación Efectiva

Transmisión Clara de Ideas: La habilidad de comunicarse de manera clara y efectiva es una ventaja significativa. Desde la elaboración de propuestas hasta la interacción diaria con los clientes, la comunicación es la columna vertebral de la prestación de servicios. Desarrollar esta habilidad mejora la comprensión mutua y evita malentendidos que puedan surgir a lo largo del proceso.

2.1.4 Proactividad

Anticipación a las Necesidades: Ser proactivo significa anticiparse a las necesidades del cliente y tomar la iniciativa para resolver problemas. En un entorno de prestación de servicios, la proactividad destaca al profesional, mostrando compromiso y dedicación para superar las expectativas del cliente.

2.1.5 Habilidad de Resolución de Problemas

Manejo de Desafíos: Los desafíos son inevitables en la prestación de servicios. Tener la habilidad de identificar problemas, analizar soluciones e implementar acciones correctivas es vital. La resolución de problemas efectiva demuestra su competencia y construye confianza tanto de los clientes como de otros profesionales del sector.

2.1.6 Adaptabilidad

Flexibilidad ante Cambios: El entorno de prestación de servicios está sujeto a cambios rápidos. Ser capaz de adaptarse a nuevas circunstancias, tecnologías y demandas del mercado es una cualidad valiosa. La adaptabilidad garantiza que usted permanezca relevante y competitivo a lo largo del tiempo.

Al desarrollar e incorporar estas cualidades esenciales en su enfoque profesional, estará construyendo las bases para una carrera sólida en la prestación de servicios. En el próximo tema, abordaremos la importancia del desarrollo continuo y la educación para mejorar aún más sus habilidades.

Habilidades Necesarias

2.2 Habilidades Necesarias

Además de las cualidades personales, la prestación de servicios requiere un conjunto específico de habilidades técnicas que capacitan al profesional para ofrecer servicios de calidad y destacarse en su área de trabajo. Vamos a explorar las habilidades esenciales que son fundamentales para el éxito como prestador de servicios.

2.2.1 Especialización Técnica

Maestro en su Arte: Independientemente del sector en el que trabaje, la especialización técnica es un requisito fundamental. Profundizar en sus habilidades específicas, ya sea programación, diseño, consultoría o cualquier otra área, aumenta su eficiencia y lo establece como una referencia en su campo.

2.2.2 Gestión de Proyectos

Entregas Eficientes: La capacidad de gestionar proyectos de manera eficiente es crucial en la prestación de servicios. Desde la definición de metas hasta la asignación de recursos y el cumplimiento de plazos, la gestión de proyectos garantiza que entregue servicios de alta calidad de manera organizada y profesional.

2.2.3 Conocimientos Financieros

Gestión Financiera Personal y del Negocio: Entender los principios básicos de las finanzas es esencial. Esto incluye la capacidad de crear presupuestos, fijar precios adecuadamente para sus servicios y gestionar las finanzas de su negocio de manera efectiva. Habilidades financieras sólidas garantizan la sostenibilidad a largo plazo de sus operaciones.

2.2.4 Habilidad de Negociación

Alineamiento de Intereses: La negociación es un arte, especialmente en la prestación de servicios. La habilidad para negociar términos contractuales, precios y expectativas con clientes, socios y proveedores es vital para garantizar relaciones saludables y acuerdos mutuamente beneficiosos.

2.2.5 Pensamiento Analítico

Toma de Decisiones Basada en Datos: Analizar datos e información es crucial para tomar decisiones informadas. El pensamiento analítico capacita al prestador de servicios a evaluar situaciones, identificar tendencias y ajustar estrategias para satisfacer mejor las necesidades del mercado.

2.2.6 Marketing Personal

Promoción Efectiva: Saber promover sus servicios es tan importante como la calidad del trabajo en sí mismo. Desarrollar habilidades de marketing personal, ya sea en línea o fuera de línea, ayuda a crear una presencia destacada en el mercado, atrayendo nuevos clientes y oportunidades.

2.2.7 Competencias Tecnológicas

Seguimiento de las Innovaciones: Vivimos en una era digital en constante evolución. Mantenerse actualizado con las últimas tecnologías y herramientas en su área de trabajo aumenta su eficiencia y demuestra un compromiso con la innovación y la excelencia.

Al incorporar estas habilidades técnicas en su arsenal profesional, estará mejor preparado para enfrentar los desafíos y destacarse en la prestación de servicios.

Perfil del Proveedor de Servicios

2.3 Tipos de Proveedores de Servicios

La diversidad en el campo de la prestación de servicios es notable, abarcando una amplia gama de profesionales, cada uno con sus especialidades y enfoques únicos. En este tema, exploraremos algunos de los tipos más comunes de prestadores de servicios, reconociendo la variedad de habilidades y talentos que contribuyen a la riqueza de este sector dinámico.

2.3.1 Consultores

Especialistas en Soluciones: Los consultores son expertos en sus campos, ofreciendo valiosos conocimientos y estrategias para ayudar a empresas e individuos a superar desafíos específicos. Sus habilidades analíticas y de resolución de problemas son esenciales para guiar decisiones estratégicas.

2.3.2 Freelancers

Independencia Profesional: Los freelancers son profesionales autónomos que ofrecen sus servicios en diversas áreas, como redacción, diseño, programación, entre otros. Su autonomía permite flexibilidad, aunque la gestión eficiente del tiempo y la búsqueda continua de oportunidades son cruciales.

2.3.3 Emprendedores de Servicios

Creación y Gestión de Negocios: Estos son prestadores de servicios que ofrecen sus habilidades y muchas veces gestionan negocios completos. Asumen responsabilidades financieras, lideran equipos y, a menudo, desarrollan soluciones innovadoras para satisfacer las demandas del mercado.

2.3.4 Profesionales de Salud y Bienestar

Cuidando del Cuerpo y la Mente: Incluyendo médicos, terapeutas, entrenadores personales y otros, estos prestadores de servicios están enfocados en la salud y el bienestar de los clientes. Sus habilidades van más allá de lo técnico, involucrando empatía y una comprensión holística del cliente.

2.3.5 Especialistas en Tecnología

Innovación y Desarrollo: Los profesionales de tecnología, como desarrolladores de software, ingenieros y especialistas en ciberseguridad, desempeñan un papel crucial en la era digital. Sus habilidades son fundamentales para la evolución constante del panorama tecnológico.

2.3.6 Prestadores de Servicios de Marketing

Promoción y Posicionamiento de Marcas: Especializados en estrategias de marketing, estos profesionales ayudan a las empresas a aumentar su visibilidad, atraer clientes y posicionar sus marcas en el mercado. Sus habilidades abarcan desde el marketing digital hasta estrategias tradicionales de publicidad.

2.3.7 Prestadores de Servicios Creativos

Expresando Arte y Diseño: Artistas, diseñadores, escritores y músicos componen este grupo, contribuyendo con creatividad a diversos sectores. Sus habilidades artísticas son esenciales para la comunicación visual y conceptual en una variedad de proyectos.

2.3.8 Profesionales de la Educación

Transmisión de Conocimiento: Los educadores y entrenadores son prestadores de servicios dedicados a la transmisión de conocimientos y habilidades. Ya sea en el aula, en línea o en capacitaciones corporativas, desempeñan un papel vital en el desarrollo de las capacidades individuales y organizacionales.

Al comprender la diversidad de tipos de prestadores de servicios, puede identificar dónde encajan mejor sus habilidades e intereses, dirigiendo su carrera de manera más efectiva. En el próximo capítulo, abordaremos la preparación necesaria para recorrer este camino con confianza y éxito.

Capítulo 3

Preparación

3.1 Educación y Entrenamiento

La base sólida para una carrera exitosa en la prestación de servicios radica, en gran medida, en la búsqueda constante de conocimiento y en el desarrollo continuo. En este primer tema, exploraremos la importancia de la educación formal y la formación específica como elementos fundamentales para la preparación y mejora del proveedor de servicios.

3.1.1 Educación Formal

El Poder del Conocimiento Académico: La educación formal, como diplomas, certificaciones y cursos universitarios, proporciona una base teórica sólida para la práctica profesional. Este conocimiento académico valida sus habilidades, pero también proporciona una comprensión integral de los principios fundamentales en su área de especialización.

3.1.2 Cursos Específicos

Formación Centrada en Habilidades: Además de la educación formal, los cursos específicos dirigidos a su área de especialización proporcionan un aprendizaje práctico y actualizado. Estos cursos suelen estar diseñados para satisfacer las demandas del mercado, proporcionando habilidades específicas listas para ser aplicadas en el entorno profesional.

3.1.3 Talleres y Seminarios

Aprendizaje Interactivo: Participar en talleres y seminarios proporciona una experiencia práctica e interactiva. Estos eventos permiten el intercambio de ideas, la creación de redes con otros profesionales y el acceso a información y tendencias recientes en su área, contribuyendo significativamente a la mejora continua.

3.1.4 Certificaciones Profesionales

Validación de Competencias: Las certificaciones profesionales son sellos de aprobación reconocidos en la industria, validando sus habilidades específicas. Añaden credibilidad a su perfil, pero sobre todo demuestran un compromiso con la excelencia y el cumplimiento de estándares reconocidos.

3.1.5 Educación Continua

Inversión Permanente en Conocimiento: La prestación de servicios es un campo dinámico, sujeto a cambios rápidos e innovaciones constantes. La educación continua, ya sea a través de cursos en línea, lecturas relevantes o participación en seminarios web, garantiza que esté siempre actualizado y listo para enfrentar los desafíos en evolución de su sector.

3.1.6 Desarrollo de Habilidades Sociales

Más Allá de lo Técnico: Además de las habilidades técnicas, el desarrollo de habilidades sociales, como la comunicación efectiva, la empatía y la colaboración, es crucial. Muchos aspectos de la prestación de servicios involucran interacciones interpersonales, y mejorar estas habilidades contribuye a relaciones profesionales más sólidas.

Al invertir tiempo y esfuerzo en su educación y formación, no solo fortalece sus habilidades técnicas, sino que también se posiciona como un profesional dedicado a la mejora continua. En el próximo tema, exploraremos la importancia de obtener certificaciones relevantes como parte integral de su viaje en la prestación de servicios.

Certificaciones Relevantes

3.2 Certificaciones Relevantes

En un mundo donde la competencia es feroz y la validación de habilidades es crucial, las certificaciones profesionales juegan un papel significativo en el camino del proveedor de servicios. En este tema, exploraremos la importancia de obtener certificaciones relevantes, destacando cómo estos sellos de aprobación pueden impulsar su credibilidad y abrir puertas a oportunidades valiosas.

3.2.1 Reconocimiento de Competencia

Validación Externa: Las certificaciones relevantes no solo validan sus habilidades, sino que también proporcionan un reconocimiento externo de su competencia en un área específica. Esto es particularmente crucial en un mercado donde la confianza del cliente es esencial.

3.2.2 Diferenciación en el Mercado

Destáquese de la Competencia: En un entorno competitivo, las certificaciones ofrecen una forma tangible de destacarse de la competencia. Los empleadores y clientes a menudo buscan profesionales que hayan demostrado compromiso para adquirir conocimientos y mejorar sus habilidades.

3.2.3 Acceso a Oportunidades Específicas

Puertas Abiertas por Certificaciones: Las certificaciones relevantes a menudo abren puertas a oportunidades específicas de empleo o proyectos. Algunas empresas y clientes valoran certificaciones específicas al buscar proveedores de servicios para funciones especializadas.

3.2.4 Actualización Continua

Seguimiento de las Tendencias del Sector: Muchas certificaciones requieren la finalización de cursos o exámenes periódicos para mantener la validez. Esto fomenta la actualización constante y lo mantiene alineado con las últimas tendencias y prácticas en su área de trabajo.

3.2.5 Construcción de Confianza

Garantía de Calidad: Para clientes y empleadores, las certificaciones a menudo se ven como garantías de calidad. Ofrecen una indicación clara de que usted posee las habilidades y conocimientos necesarios para realizar un trabajo de alto nivel.

3.2.6 Crecimiento Profesional

Progresión en la Carrera: Las certificaciones pueden ser un trampolín para el crecimiento profesional. Consolidan su posición actual y pueden abrir oportunidades para puestos más avanzados y desafiantes con el tiempo.

3.2.7 Elección Consciente de Certificaciones

Alineación con sus Objetivos: Al buscar certificaciones, es crucial elegir aquellas que se alineen directamente con sus objetivos profesionales. Las certificaciones relevantes aumentan su credibilidad cuando están en sintonía con su especialización y metas de carrera.

Al invertir en certificaciones relevantes, fortalece su base de conocimientos y construye un perfil profesional más atractivo. En el próximo tema, abordaremos la construcción y la importancia de un portafolio sólido para destacar sus logros y habilidades.

Portafolio

3.3 Armando un Portafolio

Además de las certificaciones y la educación formal, uno de los elementos más poderosos para destacar sus habilidades y experiencias es la creación de un portafolio robusto. En este tema, exploraremos la importancia de un portafolio bien elaborado y cómo esta herramienta esencial puede ser la clave para conquistar clientes, empleadores y oportunidades significativas.

3.3.1 ¿Qué es un Portafolio?

Un escaparate de sus logros: Un portafolio es más que una simple colección de trabajos pasados. Es un escaparate dinámico que resalta sus habilidades, experiencias y logros. Sirve como una vitrina virtual que permite a los interesados evaluar su trabajo y comprender su enfoque profesional.

3.3.2 Importancia del Portafolio en la Prestación de Servicios

Demostración Práctica de Competencias: Mientras que las certificaciones y los diplomas validan sus habilidades teóricas, un portafolio ofrece una demostración práctica de su conocimiento. Los clientes y empleadores a menudo desean ver ejemplos concretos de su trabajo antes de tomar decisiones.

3.3.3 Elementos Esenciales del Portafolio

Variedad y Calidad: Un portafolio eficaz debe incluir una variedad de trabajos que representen sus habilidades de manera integral. Asegúrese de incluir proyectos que destaquen diferentes aspectos de sus competencias y muestren su capacidad de adaptación.

3.3.4 Estructura Organizada

Navegación Intuitiva: Organice su portafolio de manera lógica e intuitiva. Categorice sus trabajos, proporcione una breve descripción de cada proyecto y destaque los desafíos enfrentados y las soluciones aplicadas. Facilite a los visitantes encontrar y entender su trabajo.

3.3.5 Casos de Estudio Detallados

Contextualización y Proceso Creativo: Incluya casos de estudio detallados para algunos proyectos clave. Esto no solo proporciona contexto sobre el trabajo, sino que también revela su proceso creativo, toma de decisiones y habilidades analíticas.

3.3.6 Retroalimentación y Testimonios

Validación Externa: Incorpore testimonios y retroalimentación de clientes anteriores. Estas recomendaciones proporcionan una validación externa de su trabajo y contribuyen a construir confianza con futuros clientes o empleadores.

3.3.7 Actualización Continua

Reflejo del Crecimiento Profesional: Mantenga su portafolio actualizado a medida que avanza en su carrera. Nuevos proyectos, certificaciones y experiencias deben ser agregados para reflejar su crecimiento profesional continuo.

3.3.8 Portafolio en Línea

Acceso Fácil y Global: Tener un portafolio en línea es esencial en la era digital. Esto permite que potenciales clientes o empleadores accedan fácilmente a su trabajo desde cualquier parte del mundo. Considere crear un sitio web o utilizar plataformas dedicadas para alojar su portafolio.

Al crear un portafolio que destaque no solo sus habilidades técnicas, sino también su enfoque y experiencias prácticas, construye una herramienta poderosa para conquistar oportunidades en la prestación de servicios. En el próximo capítulo, exploraremos la intrincada jornada de establecer su propio negocio en la prestación de servicios.

Capítulo 4

Estableciendo tu Negocio

4.1 Formas Legales

Al embarcar en la jornada de establecer tu propio negocio en la prestación de servicios, la elección de la forma jurídica es una de las decisiones más cruciales. Cada forma jurídica tiene implicaciones significativas para la estructura del negocio, responsabilidades legales y fiscales. Vamos a explorar algunas de las formas jurídicas comunes para proveedores de servicios.

4.1.1 Empresario Individual

Autonomía y Simplicidad: El empresario individual es una opción para aquellos que desean iniciar un negocio de manera simple y directa. En esta forma jurídica, tú eres el único responsable del negocio, lo que ofrece autonomía, pero también implica responsabilidad ilimitada por deudas y obligaciones.

4.1.2 Trabajador Autónomo

Simplicidad y Acceso a Beneficios: El trabajador autónomo es una opción simplificada para emprendedores individuales que facturan hasta un determinado límite anual. Ofrece ventajas como formalización simplificada, pago de impuestos unificado y acceso a beneficios de seguridad social, pero tiene algunas limitaciones de facturación.

4.1.3 Sociedad de Responsabilidad Limitada (SRL)

Limitación de Responsabilidad: En la sociedad de responsabilidad limitada, la responsabilidad de los socios se limita al valor de las participaciones que poseen. Esta forma jurídica permite la participación de más de un socio, proporcionando cierta flexibilidad en la gestión y distribución de responsabilidades.

4.1.4 Sociedad Limitada Unipersonal (SLU)

Responsabilidad Limitada para Empresario Individual: La SLU es una opción para empresarios individuales que desean limitar su responsabilidad, sin necesidad de socios. Se requiere un capital social mínimo, y la responsabilidad del empresario está limitada al patrimonio de la empresa.

4.1.5 Sociedad Anónima (SA)

Capital Abierto y Cerrado: La sociedad anónima es una estructura más compleja, generalmente utilizada en negocios de mayor envergadura. Puede ser de capital abierto o cerrado, dependiendo de la posibilidad de emisión de acciones para el público en general.

4.1.6 Cooperativa

Colaboración y Participación: Las cooperativas son organizaciones en las que los miembros participan activamente en la gestión y toma de decisiones. Son estructuras basadas en la colaboración y pueden ser una opción para proveedores de servicios que deseen compartir recursos y beneficios.

4.1.7 Elección Consciente y Consulta Profesional

La Importancia de Asesoramiento Legal: La elección de la forma jurídica debe ser una decisión consciente e informada. Se recomienda encarecidamente buscar asesoramiento legal para comprender las implicaciones específicas de cada opción, considerando las características de tu negocio, metas y contexto legal vigente.

4.1.8 Aspectos Tributarios y Contables

Planificación Fiscal y Contable: Además de las implicaciones legales, considera los aspectos tributarios y contables de cada forma jurídica. Planificar adecuadamente estos aspectos desde el principio es esencial para garantizar la conformidad y optimizar la eficiencia fiscal de tu negocio.

Al entender las diferentes formas jurídicas disponibles, puedes tomar una decisión informada que se alinee con tus necesidades y objetivos específicos.

Registros y Licencias

4.2 Registro y Licencias Necesarias

Además de elegir la forma jurídica adecuada, el registro y la obtención de las licencias necesarias son pasos cruciales para establecer tu negocio de prestación de servicios. Estos procesos garantizan la legalidad de las operaciones, establecen la base para relaciones comerciales transparentes y demuestran un compromiso con la conformidad normativa. Vamos a explorar estos elementos esenciales.

4.2.1 Registro en el Registro Mercantil

Formalización del Negocio: El registro en el Registro Mercantil es un paso fundamental para formalizar tu negocio. Este proceso establece la existencia legal de la empresa, proporciona un NIF (Número de Identificación Fiscal) y permite la emisión de facturas.

4.2.2 Inscripción Municipal

Regularización Local: La inscripción municipal es necesaria para que el negocio cumpla con las regulaciones específicas del municipio. Esto puede implicar la obtención de la licencia de apertura y el cumplimiento de las normativas locales de zonificación.

4.2.3 Licencias Sectoriales

Cumpliendo Requisitos Específicos: En algunas áreas de prestación de servicios, pueden ser necesarias licencias sectoriales específicas. Esto se aplica a sectores regulados, como salud, abogacía, contabilidad y otros, donde la legislación exige certificaciones o autorizaciones adicionales.

4.2.4 Licencias Ambientales

Atención a la Sostenibilidad: Dependiendo de la naturaleza del servicio, puede ser necesario obtener licencias ambientales para garantizar el cumplimiento de regulaciones relacionadas con cuestiones ambientales y sostenibilidad.

4.2.5 Registro de Marcas y Patentes

Protección de la Propiedad Intelectual: Si tu prestación de servicios implica la creación de productos, marcas o procesos exclusivos, el registro de marcas y patentes es esencial para proteger tu propiedad intelectual y evitar posibles conflictos legales.

4.2.6 Seguro Empresarial

Protección contra Riesgos: Obtener seguros empresariales es una medida prudente para proteger el negocio contra diversos riesgos, como responsabilidad civil, daños materiales y otros imprevistos que puedan surgir durante las operaciones.

4.2.7 Cumplimiento de Normativas Laborales

Relaciones Laborales Transparentes: En caso de contratación de empleados, es crucial cumplir con las normativas laborales, realizar registros adecuados, ofrecer condiciones de trabajo seguras y cumplir con las leyes relacionadas con salarios y beneficios.

4.2.8 Consulta a Profesionales Especializados

Orientación Legal y Contable: Dada la complejidad y variabilidad de las regulaciones, es muy recomendable buscar orientación de profesionales especializados, como abogados y contadores, para garantizar que todos los requisitos legales se cumplan de manera adecuada.

Al realizar el registro y obtener las licencias necesarias, estableces las bases para un negocio sólido y en cumplimiento de las leyes y regulaciones aplicables.

Planeamiento Financiero

4.3 Planeamiento Financiero Inicial

El éxito de un negocio en la prestación de servicios muchas veces está intrínsecamente ligado a una gestión financiera sólida desde el inicio. El planeamiento financiero inicial es crucial para evitar sorpresas desagradables, garantizar la sostenibilidad del emprendimiento y proporcionar una base sólida para el crecimiento. En este tópico, exploraremos los principales aspectos del planeamiento financiero inicial.

4.3.1 Elaboración del Presupuesto

Estimaciones y Proyecciones: Inicie el planeamiento financiero con la elaboración de un presupuesto detallado. Estime los ingresos y gastos mensuales, teniendo en cuenta todos los costos operativos, salarios, marketing y otros gastos asociados al negocio.

4.3.2 Capital Inicial e Inversión

Evaluación de Necesidades: Identifique la cantidad de capital inicial necesaria para iniciar las operaciones. Considere inversiones en equipos, marketing, capacitación y cualquier otra inversión inicial. Garantizar una inversión adecuada es crucial para respaldar el negocio en sus etapas iniciales.

4.3.3 Reserva de Emergencia

Preparación para Contingencias: Establezca una reserva de emergencia para hacer frente a imprevistos. Esta reserva proporciona una red de seguridad financiera, permitiendo que el negocio supere desafíos temporales sin comprometer la operación.

4.3.4 Control de Costos

Eficiencia Operativa: Controle rigurosamente los costos operativos. Evalúe la viabilidad de reducir gastos no esenciales y busque maneras de optimizar procesos para garantizar la eficiencia operativa.

4.3.5 Fijación de Precios Adecuada

Equilibrio entre Valor y Competitividad: Establezca precios que no solo cubran los costos, sino que también generen ganancias. Considere una fijación de precios competitiva, pero asegúrese de que los valores se alineen con el valor percibido por los clientes.

4.3.6 Flujo de Efectivo

Gestión Eficiente: Acompañe de cerca el flujo de efectivo. Una buena gestión del flujo de efectivo es vital para garantizar que la empresa tenga los recursos necesarios para operar diariamente y cumplir con sus obligaciones financieras.

4.3.7 Estrategias de Pago

Términos Claros con Clientes y Proveedores: Establezca términos claros de pago con clientes y proveedores. Esto incluye políticas de facturación, plazos de pago y estrategias para manejar la morosidad, garantizando una salud financiera equilibrada.

4.3.8 Planificación Tributaria

Optimización Fiscal Responsable: Consulte a un contador para desarrollar un plan tributario eficaz. La planificación tributaria puede ayudar a optimizar la carga fiscal del negocio, garantizando conformidad y maximizando beneficios fiscales disponibles.

4.3.9 Revisión Periódica

Adaptación a los Cambios: El planeamiento financiero no es un proceso estático. Realice revisiones periódicas para evaluar el desempeño financiero, ajustar proyecciones y estrategias según sea necesario, y garantizar que el negocio permanezca resiliente a los cambios del entorno.

Al priorizar el planeamiento financiero inicial, estarás estableciendo las bases para un negocio sólido y sostenible en la prestación de servicios. En el próximo capítulo, exploraremos estrategias de marketing y promoción, esenciales para atraer clientes y expandir la visibilidad de tu negocio.

Capítulo 5

Marketing Personal

5.1 Construcción de la Marca Personal Inicial

La construcción de la marca personal es una pieza fundamental en el rompecabezas del éxito en la prestación de servicios. Tu marca personal no es solo una representación de lo que haces, sino también una expresión auténtica de quién eres como profesional. En este primer tema, exploraremos estrategias para construir una marca personal inicial sólida y auténtica.

5.1.1 Autoconocimiento e Identidad Profesional

Reflexión sobre Habilidades y Valores: Antes de empezar a construir tu marca personal, es crucial realizar una profunda reflexión sobre tus habilidades, valores y objetivos profesionales. Identifica qué te hace único y qué aspectos de tu personalidad se pueden destacar para crear una conexión auténtica con tu público objetivo.

5.1.2 Definición de Objetivos

Metas Claras y Mensurables: Establece metas claras para tu marca personal. Estos objetivos pueden incluir la conquista de determinados clientes, entrar en un mercado específico o ser reconocido como especialista en tu área. Metas bien definidas guiarán tus estrategias de construcción de marca.

5.1.3 Identidad Visual

Consistencia y Profesionalismo: La identidad visual es una parte vital de la construcción de la marca. Desarrolla un logotipo y utiliza colores y fuentes consistentes en tus materiales de marketing, currículum y presencia online. Una identidad visual coherente transmite profesionalismo y ayuda en la memorización de tu marca.

5.1.4 Presencia Online

Sitio Web y Redes Sociales: Crea un sitio web profesional que sirva como centro principal de tu presencia online. Además, sé activo en redes sociales relevantes para tu sector. Comparte contenido valioso, conecta con otros profesionales y participa en discusiones para aumentar tu visibilidad.

5.1.5 Contenido de Calidad

Demostración de Conocimiento: Produce y comparte contenido relevante y valioso. Esto puede incluir blogs, artículos, vídeos o podcasts que demuestren tu conocimiento en el área. El contenido de calidad ayuda a construir autoridad y atrae la atención de potenciales clientes y colaboradores.

5.1.6 Testimonios y Recomendaciones

Validación Social: Solicita y muestra testimonios y recomendaciones de clientes satisfechos. Estas validaciones sociales son cruciales para construir la confianza de futuros clientes, destacando tus habilidades y la calidad de tu trabajo.

5.1.7 Networking

Relaciones Profesionales: Participa en eventos del sector, conferencias y encuentros de networking. Establece conexiones genuinas con otros profesionales, clientes potenciales e influyentes de la industria. El networking es una herramienta poderosa en la construcción de la marca personal.

5.1.8 Desarrollo Continuo

Mejora Profesional Constante: Demuestra tu compromiso con la mejora continua. Mantente siempre actualizado con las últimas tendencias de la industria, participa en cursos y talleres relevantes y comparte tus logros profesionales en tu plataforma.

Al construir tu marca personal inicial con autenticidad y estrategia, creas una base sólida para atraer la atención y la confianza de tu público objetivo. En el próximo tema, exploraremos estrategias más específicas de marketing para promover tus servicios de forma eficaz.

Estrategias de Marketing

5.2 Estrategias de Marketing Eficaces

Además de la construcción de la marca personal, es esencial implementar estrategias de marketing eficaces para promocionar sus servicios y alcanzar su público objetivo. En este tema, exploraremos algunas estrategias prácticas para aumentar la visibilidad de su negocio en la prestación de servicios.

5.2.1 Marketing de Contenido

Producción Regular y Relevante: El marketing de contenido sigue siendo una de las estrategias más poderosas. Produzca regularmente contenido relevante para su audiencia, como blogs, videos, infografías o webinars. Esto no solo demuestra su conocimiento, sino que también atrae y retiene la atención de su público.

5.2.2 SEO (Optimización para Motores de Búsqueda)

Visibilidad en Línea: Optimice su sitio web y contenido para los motores de búsqueda. Utilice palabras clave relevantes para su área de actividad y desarrolle una sólida estrategia de SEO para aumentar su visibilidad en línea, facilitando que los clientes potenciales lo encuentren.

5.2.3 Marketing en Redes Sociales

Participación y Compartición: Utilice las plataformas de redes sociales de manera estratégica. Participe en conversaciones relevantes, comparta su contenido, interactúe con su audiencia y utilice anuncios segmentados. El marketing en redes sociales es una herramienta poderosa para construir relaciones y aumentar la exposición.

5.2.4 Email Marketing

Comunicación Directa y Personalizada: Construya una lista de correos electrónicos e implemente estrategias de email marketing. Envíe boletines informativos, actualizaciones de servicios y contenido exclusivo directamente a la bandeja de entrada de su público. El email marketing permite una comunicación más directa y personalizada.

5.2.5 Asociaciones Estratégicas

Colaboraciones Beneficiosas: Establezca asociaciones estratégicas con otros profesionales o empresas relacionadas. Esto puede incluir la coorganización de eventos, compartir contenido o programas de recomendación. Las asociaciones pueden ampliar su alcance y atraer nuevas oportunidades de negocio.

5.2.6 Eventos y Webinars

Presencia y Educación: Participe en eventos del sector, conferencias o realice webinars. Estas actividades no solo aumentan su presencia en el mercado, sino que también ofrecen oportunidades para educar a su público sobre sus servicios y habilidades.

5.2.7 Promociones y Descuentos Estratégicos

Atractivos para Nuevos Clientes: Considere promociones o descuentos estratégicos para atraer nuevos clientes. Esto puede ser particularmente efectivo al comienzo de su negocio, fomentando la experimentación y construyendo lealtad.

5.2.8 Monitoreo y Análisis de Resultados

Adaptación Constante: Implemente herramientas de análisis para monitorear el rendimiento de sus estrategias de marketing. Esté listo para adaptar sus enfoques basados en los datos y métricas, optimizando continuamente sus campañas.

Al incorporar estas estrategias de marketing eficaces, crea un entorno propicio para el crecimiento de su negocio en la prestación de servicios.

Utilización de las Redes Sociales

5.3 Utilización de las Redes Sociales

Las redes sociales juegan un papel crucial en el marketing personal y en la promoción efectiva de los servicios prestados. En este tema, exploraremos estrategias específicas para utilizar las redes sociales de manera eficiente, maximizando el alcance y la interacción con su público objetivo.

5.3.1 Elección Estratégica de Plataformas

Identificación del Público Objetivo: Seleccione las plataformas de redes sociales según su público objetivo. Comprenda dónde su público está más activo y adapte sus estrategias para esas plataformas. Por ejemplo, LinkedIn puede ser más efectivo para servicios profesionales, mientras que Instagram puede ser ideal para contenido visual.

5.3.2 Creación de Perfil Profesional

Presentación Coherente y Profesional: Optimice sus perfiles en redes sociales para reflejar una imagen profesional. Esto incluye el uso de una foto de perfil profesional, una biografía concisa e información relevante sobre sus servicios. Asegúrese de mantener la consistencia visual y de mensajes en todas las plataformas.

5.3.3 Contenido Relevante y Atractivo

Compartir Valor: Produzca y comparta contenido relevante para su público objetivo. Esto puede incluir consejos, ideas del sector, casos de éxito o incluso detrás de escena de su trabajo. El contenido atractivo crea conexiones más profundas y demuestra su experiencia en el área.

5.3.4 Frecuencia y Consistencia

Mantenimiento de la Presencia en Línea: Mantenga una presencia en línea consistente. Publique regularmente, interactúe con comentarios y mensajes, y manténgase actualizado sobre las últimas tendencias y noticias relevantes para su área. La consistencia ayuda a construir y mantener el interés de su público.

5.3.5 Uso de Medios Visuales

Atracción Visual: Aproveche los medios visuales, como imágenes y videos, para aumentar la atracción de sus publicaciones. Los materiales visuales tienen más probabilidades de ser compartidos y retenidos por los usuarios, ampliando el alcance de sus mensajes.

5.3.6 Participación en Grupos y Comunidades

Compromiso Más Allá del Perfil Personal: Participe activamente en grupos y comunidades relevantes. Además de promover sus servicios en su perfil personal, la participación en grupos brinda la oportunidad de construir relaciones, compartir conocimientos y ampliar su red de contactos.

5.3.7 Anuncios Segmentados

Enfoque Específico: Considere el uso de anuncios segmentados para ampliar el alcance de sus mensajes. Las plataformas de redes sociales ofrecen herramientas poderosas de segmentación, lo que le permite llegar a un público específico con mayor precisión.

5.3.8 Análisis de Métricas y Retroalimentación

Mejora Continua: Analice regularmente las métricas de desempeño en las redes sociales. Comprenda qué está funcionando, qué tipos de contenido generan más interacciones y adapte sus estrategias según la retroalimentación y los análisis.

Al utilizar las redes sociales de manera estratégica, puede crear una presencia en línea sólida, construir relaciones significativas y promover sus servicios de manera efectiva. En el próximo capítulo, exploraremos prácticas esenciales de atención al cliente para garantizar la satisfacción y la fidelización de los clientes.

Capítulo 6

Gestión de Clientes

6.1 Estableciendo una Relación Profesional

La base de un negocio exitoso en la prestación de servicios radica en la habilidad de construir y mantener relaciones profesionales sólidas con los clientes. En este primer tema, exploraremos estrategias para establecer una relación profesional desde el principio, promoviendo la confianza y la satisfacción del cliente.

6.1.1 Comprensión Profunda de las Necesidades del Cliente

Entrevistas y Diagnósticos Iniciales: Antes de comenzar cualquier proyecto, realice entrevistas detalladas y diagnósticos para entender las necesidades específicas del cliente. Demostrar un interés genuino en comprender los objetivos y desafíos del cliente establece una base sólida para la colaboración.

6.1.2 Transparencia sobre Procesos y Expectativas

Comunicación Clara desde el Inicio: Establezca una comunicación clara sobre los procesos, plazos y expectativas desde el inicio de la relación. Esto evita malentendidos futuros y proporciona al cliente una visión transparente sobre qué esperar al trabajar con usted.

6.1.3 Contratos Detallados y Acuerdos por Escrito

Documentación Formal: Elabore contratos detallados que aborden todos los aspectos del servicio a ser prestado. Esto incluye el alcance del proyecto, plazos, honorarios, condiciones de pago y cualquier otra información relevante. Tener acuerdos por escrito ayuda a evitar conflictos y ofrece seguridad para ambas partes.

6.1.4 Definición de Metas e Indicadores de Desempeño

Establecimiento de Hitos Medibles: Junto con el cliente, defina metas claras e indicadores de desempeño que puedan ser medidos a lo largo del proyecto. Esto no solo alinea las expectativas, sino que también proporciona una estructura para evaluar el éxito y hacer ajustes según sea necesario.

6.1.5 Comunicación Proactiva

Actualizaciones Regulares y Retroalimentación: Mantenga una comunicación proactiva con el cliente. Proporcione actualizaciones regulares sobre el progreso del proyecto, discuta cualquier desafío que pueda surgir y esté abierto a la retroalimentación del cliente. La comunicación constante construye confianza y tranquiliza al cliente sobre el avance del trabajo.

6.1.6 Personalización del Servicio

Entendimiento de las Preferencias Individuales: Adapte su servicio a las preferencias individuales de cada cliente. Algunos clientes prefieren una comunicación más frecuente, mientras que otros pueden valorar actualizaciones más consolidadas. Conozca las preferencias para ofrecer un servicio más personalizado.

6.1.7 Resolución Proactiva de Problemas

Anticipación y Solución Rápida: Anticipe problemas potenciales y esté preparado para resolver desafíos rápidamente. El enfoque proactivo en la resolución de problemas demuestra compromiso y fortalece la confianza del cliente en su capacidad para manejar situaciones adversas.

6.1.8 Post-Servicio y Retroalimentación Post-Proyecto

Evaluación y Mejora Continua: Después de la conclusión del servicio, solicite retroalimentación al cliente. Analice los aspectos positivos y las áreas de mejora. Además, esté abierto a discusiones sobre proyectos futuros y cómo puede evolucionar la asociación.

Al establecer una relación profesional sólida desde el principio, usted crea las bases para una colaboración exitosa y para la satisfacción duradera del cliente.

Comunicación

6.2 Comunicación Eficaz

La comunicación es la columna vertebral de una gestión de clientes exitosa. En este tema, exploraremos estrategias para garantizar una comunicación eficaz a lo largo de todo el ciclo de prestación de servicios, promoviendo la comprensión mutua y fortaleciendo la relación con el cliente.

6.2.1 Escucha Activa

Entendimiento Profundo de las Necesidades: Practica la escucha activa en todas las interacciones con el cliente. Esté completamente presente, haga preguntas aclaratorias y demuestre un interés genuino en las preocupaciones y expectativas del cliente. La escucha activa construye una base sólida para una comunicación eficaz.

6.2.2 Comunicación Clara y Concisa

Evite Ambigüedades y Malentendidos: Priorice la claridad y la concisión en todas las comunicaciones. Evite jergas complejas y proporcione información de manera directa. Esto reduce la probabilidad de malentendidos y asegura que todas las partes estén alineadas.

6.2.3 Uso de Diversos Canales de Comunicación

Adaptación al Estilo Preferido del Cliente: Reconozca que cada cliente puede tener preferencias diferentes de comunicación. Algunos pueden preferir correos electrónicos detallados, mientras que otros pueden encontrar más efectiva una llamada telefónica o una reunión presencial. Adáptese a los estilos preferidos del cliente para optimizar la comunicación.

6.2.4 Agenda de Reuniones Regulares

Mantenimiento de Líneas de Comunicación Abiertas: Establezca una agenda de reuniones regulares con el cliente. Esto proporciona un foro dedicado para discusiones, actualizaciones y resolución de problemas. Las reuniones consistentes mantienen las líneas de comunicación abiertas y demuestran compromiso con el éxito del proyecto.

6.2.5 Actualizaciones de Estado Transparentes

Transparencia sobre el Progreso: Proporcione actualizaciones de estado transparentes sobre el progreso del proyecto. Esto no solo informa al cliente sobre los logros, sino que también permite ajustes proactivos en caso de desafíos o cambios en el alcance.

6.2.6 Respuesta Rápida a Comunicaciones del Cliente

Agilidad en la Respuesta: Demuestre agilidad al responder a las comunicaciones del cliente. Las respuestas rápidas transmiten profesionalismo y muestran que el cliente es una prioridad. Incluso si no tiene una respuesta definitiva, informe al cliente que está trabajando en el asunto.

6.2.7 Informes de Desempeño Claros

Transparencia sobre Resultados: Presente informes de desempeño claros y comprensibles. Destaque los hitos clave alcanzados, las métricas principales y las áreas de mejora. Los informes de desempeño proporcionan una visión objetiva del valor entregado al cliente.

6.2.8 Respeto por los Canales de Retroalimentación

Aceptación de Opiniones y Sugerencias: Anime activamente la retroalimentación del cliente y demuestre respeto por sus opiniones y sugerencias. Utilice la retroalimentación para ajustar sus prácticas y mejorar continuamente la calidad del servicio ofrecido.

Al adoptar estrategias de comunicación eficaz, promueve la comprensión mutua y también fortalece la confianza y la satisfacción del cliente. En el próximo tema, exploraremos estrategias para manejar situaciones desafiantes y resolver conflictos de manera constructiva en la gestión de clientes.

Resolución de Conflictos

6.3 Resolución de Conflictos

La gestión de clientes puede implicar desafíos y conflictos que requieren un enfoque cuidadoso para preservar la relación y lograr soluciones constructivas. En este tema, exploraremos estrategias efectivas para manejar los conflictos de manera proactiva, promoviendo la resolución y el fortalecimiento de la asociación.

6.3.1 Enfoque Proactivo

Identificación Anticipada de Señales de Conflicto: Desarrolle la habilidad de identificar señales tempranas de conflicto. Esté atento a cambios en el tono de comunicación, retrasos inesperados o cualquier indicio de insatisfacción por parte del cliente. Abordar problemas antes de que se conviertan en crisis es fundamental.

6.3.2 Escucha Empática

Entendimiento Profundo de las Preocupaciones: Cuando surja un conflicto, practique la escucha empática. Permita que el cliente comparta sus preocupaciones y sentimientos, demostrando comprensión y empatía. Esto crea un ambiente propicio para la resolución constructiva.

6.3.3 Comunicación Transparente

Claridad en la Exposición de Puntos de Vista: Comuníquese de manera clara y transparente sobre su punto de vista e intenciones. Una comunicación abierta ayuda a disipar malentendidos y establece una base para la resolución del conflicto.

6.3.4 Identificación de Intereses Comunes

Enfoque en Soluciones Beneficiosas para Ambas Partes: Al explorar soluciones, identifique intereses comunes. Busque alternativas que beneficien a ambas partes, demostrando un enfoque colaborativo en la resolución del conflicto.

6.3.5 Desarrollo de Soluciones Creativas

Pensamiento "Fuera de la Caja": Esté abierto a soluciones creativas que puedan resolver el conflicto de manera innovadora. A veces, un enfoque no convencional puede llevar a resultados que beneficien a ambas partes.

6.3.6 Mediación Externa

Involucramiento de Terceros Imparciales: Si el conflicto persiste, considere involucrar a un mediador externo. Este puede ser un profesional especializado en resolución de conflictos que actúe de manera imparcial, facilitando la comunicación y la búsqueda de soluciones equitativas.

6.3.7 Compromiso con la Mejora Continua

Aprendizaje a Partir de Conflictos: Enfrente los conflictos como oportunidades de aprendizaje. Evalúe cada situación de conflicto para identificar áreas de mejora en el proceso, la comunicación o los procedimientos internos.

6.3.8 Documentación Adecuada

Registro de Acuerdos y Soluciones: Después de resolver el conflicto, documente adecuadamente los acuerdos alcanzados. Esto proporciona una referencia clara para ambas partes y ayuda a evitar futuros malentendidos.

6.3.9 Evaluación Post-Conflicto

Verificación de la Efectividad de las Soluciones: Realice evaluaciones posteriores al conflicto para garantizar que las soluciones implementadas sean efectivas. Si es necesario, realice ajustes para mejorar continuamente los procesos y prevenir recurrencias.

Al adoptar estrategias efectivas de resolución de conflictos, convierte los desafíos potenciales en oportunidades de fortalecimiento de la relación con el cliente. En el próximo capítulo, exploraremos estrategias para mejorar continuamente sus servicios, garantizando la excelencia en la prestación de servicios al cliente.

Capítulo 7

Prestación de Servicios

7.1 Boas Práticas

La prestación de servicios eficaz no se limita únicamente a la entrega del producto final, sino también a la experiencia global del cliente. En este primer tema, exploraremos prácticas recomendadas esenciales que contribuyen a una prestación de servicios excepcional, fortaleciendo la satisfacción del cliente y la reputación de su negocio.

7.1.1 Entendimiento Profundo de las Necesidades

Diagnóstico Detallado: Antes de iniciar cualquier proyecto o servicio, dedique tiempo para comprender profundamente las necesidades y expectativas del cliente. Realice entrevistas detalladas, haga preguntas esclarecedoras y asegúrese de que todas las partes tengan una comprensión clara del alcance del trabajo.

7.1.2 Comunicación Transparente

Actualizaciones Regulares y Aclaraciones: Mantenga una comunicación transparente a lo largo de todo el proyecto. Proporcione actualizaciones regulares sobre el progreso, aclare dudas rápidamente y esté abierto a discusiones. La transparencia construye confianza y tranquiliza al cliente sobre el avance del servicio.

7.1.3 Cumplimiento de Plazos

Gestión Efectiva del Tiempo: Cumplir con los plazos es crucial para la satisfacción del cliente. Adopte prácticas efectivas de gestión del tiempo, establezca plazos realistas y, si es necesario, comunique proactivamente cualquier retraso, proporcionando explicaciones y soluciones.

7.1.4 Personalización del Servicio

Adaptación a las Preferencias Individuales: Reconozca que cada cliente es único. Adapte el servicio según las preferencias individuales, considerando los estilos de comunicación, las expectativas y las necesidades específicas de cada cliente. La personalización demuestra un compromiso genuino con la satisfacción del cliente.

7.1.5 Resolución Proactiva de Problemas

Anticipación y Solución Rápida: Anticipe problemas potenciales y esté preparado para resolverlos rápidamente. Un enfoque proactivo en la resolución de problemas demuestra compromiso y refuerza la confianza del cliente en su capacidad para manejar desafíos.

7.1.6 Calidad Consistente

Estándares Elevados en Todas las Etapas: Mantenga estándares elevados de calidad en todas las etapas del servicio. Desde la planificación hasta la entrega final, asegúrese de que cada aspecto del servicio cumpla o supere las expectativas del cliente. La consistencia en la calidad construye una reputación sólida.

7.1.7 Atención al Cliente Excepcional

Cortesía y Profesionalismo: Ofrezca una atención al cliente excepcional en todas las interacciones. Sea cortés, profesional y esté listo para abordar preguntas o inquietudes de manera efectiva. La atención al cliente es una extensión de su servicio y puede influir significativamente en la experiencia del cliente.

7.1.8 Retroalimentación Continua

Solicitud y Aplicación de Retroalimentación: Solicite regularmente retroalimentación al cliente y utilice esta información para mejorar continuamente sus servicios. La apertura a la retroalimentación demuestra un compromiso con la mejora continua y permite ajustes según las necesidades del cliente.

7.1.9 Valor Agregado

Más Allá de las Expectativas: Busque oportunidades para agregar valor al servicio. Esto puede incluir ofrecer información adicional, recursos complementarios o soluciones innovadoras que superen las expectativas del cliente. El valor agregado fortalece la percepción positiva del cliente sobre el servicio recibido.

Al incorporar estas buenas prácticas en la prestación de servicios, satisface las necesidades del cliente y también construye relaciones duraderas y establece una reputación positiva en el mercado.

Gerenciamiento de Proyectos

7.2 Gerenciamiento de Proyectos

El gerenciamiento de proyectos es una pieza fundamental en la prestación de servicios efectivos. En este tema, exploraremos estrategias y buenas prácticas esenciales para garantizar un gerenciamiento de proyectos eficiente, desde la planificación hasta la entrega, contribuyendo al éxito del servicio prestado.

7.2.1 Planeamiento Detallado

Estructuración Clara del Proyecto: Antes de iniciar cualquier proyecto, dedique tiempo para un planeamiento detallado. Defina claramente los objetivos, alcance, recursos necesarios, plazos y las etapas del proyecto. Un planeamiento estructurado sirve como base para la ejecución eficiente.

7.2.2 Equipo Competente y Motivado

Selección Cuidadosa de Colaboradores: Monte un equipo competente y motivado para el proyecto. Evalúe las habilidades necesarias y asigne tareas de acuerdo con las competencias individuales. Mantenga al equipo informado sobre los objetivos y el impacto del proyecto para mantener la motivación.

7.2.3 Definición Clara de Responsabilidades

Asignaciones Precisas: Cada miembro del equipo debe tener responsabilidades definidas y comprender su rol en el proyecto. La claridad en las asignaciones evita confusiones, mejora la eficiencia y permite un monitoreo más preciso del progreso.

7.2.4 Comunicación Eficiente

Canales Claros y Frecuencia Adecuada: Establezca canales de comunicación eficientes y determine la frecuencia de las actualizaciones. Una comunicación clara entre el equipo y con el cliente es esencial para mantener a todos informados sobre el estado del proyecto y cualquier cambio.

7.2.5 Monitoreo Continuo del Progreso

Evaluación Regular de Hitos: Monitoree continuamente el progreso del proyecto en relación con los hitos establecidos. Si hay desviaciones, ajuste el plan según sea necesario. El monitoreo regular ayuda a anticipar posibles problemas y a mantener el proyecto en el camino correcto.

7.2.6 Adaptación a Cambios

Flexibilidad y Resiliencia: Esté preparado para manejar cambios en el alcance, plazos o requisitos del proyecto. La flexibilidad y la resiliencia son esenciales para adaptarse a las demandas en evolución y mantener la entrega dentro de las expectativas.

7.2.7 Gerenciamiento de Riesgos

Identificación Anticipada y Mitigación: Identifique proactivamente los riesgos potenciales del proyecto y desarrolle planes de mitigación. El gerenciamiento de riesgos ayuda a anticipar desafíos e implementar medidas preventivas para evitar impactos negativos.

7.2.8 Evaluación Post-Proyecto

Análisis de Lecciones Aprendidas: Después de la conclusión del proyecto, realice una evaluación post-proyecto. Identifique lo que funcionó bien, áreas de mejora y lecciones aprendidas. Utilice esta información para mejorar sus procesos y enfoques en proyectos futuros.

7.2.9 Entrega y Evaluación de Resultados

Conclusión Eficaz y Evaluación de Resultados: Al finalizar el proyecto, asegúrese de entregar los resultados según lo acordado. Además, evalúe con el cliente la satisfacción con el servicio prestado. La evaluación post-entrega es valiosa para comprender las percepciones del cliente e identificar oportunidades de mejora.

Al incorporar prácticas efectivas de gerenciamiento de proyectos, asegura la entrega exitosa de servicios, cumpliendo con las expectativas del cliente y manteniendo un alto estándar de calidad. En el próximo tema, exploraremos estrategias para cultivar la lealtad del cliente y promover el retorno continuo de los clientes a su negocio.

Calidad en el Servicio

7.3 Calidad en el Servicio

La calidad en el servicio juega un papel crucial en la construcción de relaciones sólidas con los clientes. En este tema, exploraremos estrategias y buenas prácticas esenciales para garantizar un servicio de alta calidad, promoviendo la satisfacción del cliente y fortaleciendo la reputación de su negocio.

7.3.1 Empatía y Comprensión

Ponerse en el Lugar del Cliente: Demostrar empatía es fundamental para ofrecer un servicio de calidad. Póngase en el lugar del cliente, comprenda sus necesidades y preocupaciones, y muestre un interés genuino en resolver sus problemas.

7.3.2 Rapidez y Eficacia

Respuestas Rápidas y Soluciones Eficientes: Priorice la rapidez en las respuestas y la eficacia en la resolución de problemas. Los clientes valoran la agilidad en el servicio, y resolver problemas de manera eficaz contribuye a una experiencia positiva.

7.3.3 Comunicación Clara y Respetuosa

Expresión de Ideas de Manera Transparente: Mantenga una comunicación clara y respetuosa en todas las interacciones. Evite jergas complicadas, explique información de manera comprensible y trate al cliente con cortesía. Una comunicación transparente construye confianza.

7.3.4 Personalización del Servicio

Adaptación a las Preferencias Individuales: Reconozca las preferencias individuales de cada cliente. Algunos pueden preferir la comunicación por correo electrónico, mientras que otros pueden preferir una llamada telefónica. Personalice el servicio según las necesidades y preferencias del cliente.

7.3.5 Entrenamiento Continuo del Equipo

Actualización en Habilidades y Conocimientos: Mantenga a su equipo continuamente entrenado y actualizado en habilidades de atención al cliente. Esto incluye el desarrollo de habilidades de comunicación, resolución de problemas y la comprensión profunda de los servicios ofrecidos.

7.3.6 Feedback Positivo y Constructivo

Reconocimiento y Oportunidades de Mejora: Proporcione feedback regular al equipo, reconociendo las prácticas positivas y ofreciendo orientación constructiva para la mejora. El feedback es una herramienta valiosa para motivar al equipo y mejorar la calidad del servicio.

7.3.7 Tratamiento Postventa

Seguimiento Post-Servicio: Después de la conclusión del servicio, realice seguimientos postventa para garantizar la satisfacción continua del cliente. Esté disponible para aclarar dudas adicionales y mostrar que la relación va más allá de la conclusión del proyecto.

7.3.8 Resolución de Problemas de Forma Proactiva

Anticipación y Solución Rápida: Anticípese a problemas potenciales y esté preparado para resolverlos rápidamente. Un enfoque proactivo en la resolución de problemas demuestra compromiso y refuerza la confianza del cliente en su capacidad para gestionar desafíos.

7.3.9 Evaluación Continua de la Satisfacción del Cliente

Solicitud y Análisis de Feedback: Solicite regularmente feedback de los clientes sobre el servicio recibido. Analice esta información para identificar áreas de mejora y ajustar estrategias según sea necesario.

Al adoptar prácticas efectivas para la calidad en el servicio, no solo cumple con las expectativas del cliente, sino que también construye una reputación sólida y fomenta la lealtad del cliente.

Capítulo 8

Aspectos Legales y Contractuales

8.1 Elaboración de Contratos

La elaboración de contratos es una parte crucial de la prestación de servicios, garantizando claridad y seguridad para ambas partes involucradas. En este primer tema, exploraremos las mejores prácticas en la elaboración de contratos para proteger sus intereses, establecer expectativas claras y promover relaciones comerciales saludables.

8.1.1 Definición Precisa de Servicios

Alcance Detallado del Trabajo: Inicie el contrato definiendo de manera precisa y detallada los servicios a ser prestados. Especifique el alcance del trabajo, metas a alcanzar y cualquier entrega específica esperada. Esto proporciona una comprensión clara de lo que está incluido en el servicio.

8.1.2 Condiciones de Pago y Honorarios

Términos Financieros Transparentes: Establezca claramente las condiciones de pago, incluyendo plazos y métodos de pago aceptables. Además, especifique los honorarios por los servicios prestados. La transparencia en estas áreas evita malentendidos y establece expectativas financieras claras.

8.1.3 Plazos y Cronograma

Establecimiento de Límites Temporales: Incluya plazos y un cronograma en el contrato para cada fase del proyecto. Esto no solo orienta al cliente sobre las expectativas de tiempo, sino que también proporciona un medio para evaluar el desempeño del servicio a lo largo del tiempo.

8.1.4 Responsabilidades y Deberes

Asignaciones Claras para Ambas Partes: Detalle las responsabilidades y deberes de ambas partes involucradas en el contrato. Esto incluye no solo las obligaciones del proveedor de servicios, sino también las responsabilidades del cliente, garantizando una colaboración efectiva.

8.1.5 Cláusulas de Rescisión

Procedimientos en Caso de Cancelamiento: Incluya cláusulas de rescisión que definan los procedimientos en caso de cancelamiento del contrato por ambas partes. Esto ayuda a proteger los intereses de ambas partes en situaciones imprevistas.

8.1.6 Propiedad Intelectual

Acuerdo sobre Propiedad de Trabajos Realizados: Especifique claramente las cuestiones relacionadas con la propiedad intelectual en el contrato. Si hay creación de propiedad intelectual durante la prestación de servicios, determine quién posee los derechos y cómo pueden ser utilizados.

8.1.7 Cláusulas de Confidencialidad

Protección de Informaciones Sensibles: Incluya cláusulas de confidencialidad para proteger información sensible compartida durante la prestación de servicios. Estas cláusulas ayudan a garantizar la seguridad y privacidad de la información comercial.

8.1.8 Mecanismos de Resolución de Disputas

Procedimientos en Caso de Conflictos: Anticípese a posibles conflictos incluyendo mecanismos de resolución de disputas en el contrato. Esto puede incluir la mediación o arbitraje, ofreciendo un enfoque más rápido y eficiente que litigios judiciales.

8.1.9 Revisión Legal

Consulta a Profesionales Jurídicos: Antes de la firma del contrato, se recomienda la revisión legal por parte de profesionales especializados. Esto garantiza que el contrato esté en conformidad con las leyes aplicables y protege a ambas partes de posibles complicaciones legales.

8.1.10 Actualizaciones Contractuales

Flexibilidad para Cambios: Incluya cláusulas que permitan actualizaciones contractuales cuando sea necesario. Esto ofrece flexibilidad para ajustar el contrato en caso de cambios en las circunstancias o en el alcance del servicio.

Al seguir estas prácticas en la elaboración de contratos, establece una base sólida para una prestación de servicios legalmente segura y transparente. En el próximo tema, exploraremos otras consideraciones legales y regulatorias que pueden impactar la prestación de servicios.

Derechos y Deberes

8.2 Derechos y Deberes del Proveedor de Servicios

El establecimiento claro de los derechos y deberes del proveedor de servicios es fundamental para garantizar transparencia, cumplimiento legal y relaciones comerciales saludables. En este tema, exploraremos los principales elementos a tener en cuenta al definir los derechos y deberes del proveedor de servicios en los contratos.

8.2.1 Cumplimiento del Alcance Acordado

Entrega Conforme a lo Establecido: Es un deber fundamental del proveedor de servicios cumplir con el alcance acordado en el contrato. Esto incluye la entrega de servicios según las especificaciones, plazos y calidad acordados, asegurando que el cliente reciba lo contratado.

8.2.2 Competencia Profesional

Mantenimiento de Estándares de Competencia: El proveedor de servicios tiene el derecho y el deber de realizar las tareas contratadas con competencia profesional. Esto implica mantenerse actualizado con las mejores prácticas de la industria, utilizar habilidades y conocimientos especializados y buscar la excelencia en la entrega.

8.2.3 Protección de la Propiedad Intelectual

Respeto a los Derechos de Propiedad Intelectual: El proveedor de servicios debe respetar los derechos de propiedad intelectual, garantizando que no haya violación de patentes, derechos de autor u otras propiedades intelectuales. En caso de que el contrato implique la creación de nuevos materiales, es esencial establecer claramente quién posee los derechos.

8.2.4 Mantenimiento de la Confidencialidad

Preservación de Información Sensible: El proveedor de servicios generalmente asume el deber de mantener la confidencialidad de la información sensible del cliente. Este compromiso tiene como objetivo proteger datos comerciales, estrategias y otros elementos confidenciales que puedan compartirse durante la prestación de servicios.

8.2.5 Comunicación Transparente

Deber de Comunicar de Forma Transparente: El proveedor de servicios tiene el deber de mantener una comunicación transparente con el cliente. Esto incluye informar sobre el progreso del trabajo, comunicar los desafíos encontrados y proporcionar actualizaciones regulares para asegurar que el cliente esté bien informado sobre el estado del servicio.

8.2.6 Resolución de Problemas

Abordaje Proactivo en la Resolución de Desafíos: Ante desafíos o problemas durante la prestación de servicios, el proveedor tiene el deber de abordarlos proactivamente. Esto incluye la identificación anticipada de posibles obstáculos, la comunicación transparente sobre estos desafíos y la búsqueda de soluciones efectivas en colaboración con el cliente.

8.2.7 Derecho a la Remuneración

Compensación por los Servicios Prestados: El proveedor de servicios tiene derecho a la remuneración por los servicios prestados, según lo acordado en el contrato. Este derecho incluye el cobro de honorarios, gastos acordados y cualquier otra forma de compensación estipulada en el contrato.

8.2.8 Cumplimiento de las Leyes y Reglamentaciones

Conformidad con Legislación Pertinente: El proveedor de servicios tiene el deber de cumplir con todas las leyes y regulaciones pertinentes a su área de actuación. Esto incluye cuestiones fiscales, regulaciones específicas de la industria y otros requisitos legales aplicables al servicio prestado.

8.2.9 Rescisión Contractual

Derecho y Deber de Rescisión: Ambas partes, incluido el proveedor de servicios, tienen el derecho de rescindir el contrato en determinadas condiciones. Este derecho debe ejercerse de acuerdo con las cláusulas de rescisión acordadas en el contrato, incluida la notificación y los procedimientos adecuados.

Resolución de Conflictos

8.3 Resolución de Litigios

La posibilidad de litigios es una realidad en los negocios, pero estrategias adecuadas de resolución pueden minimizar impactos negativos y preservar relaciones. En este tema, exploraremos las mejores prácticas para la resolución efectiva de litigios, garantizando que los conflictos sean tratados de manera justa y eficiente.

8.3.1 Cláusulas de Resolución de Disputas

Inclusión de Mecanismos Alternativos: En el contrato, incluya cláusulas que establezcan mecanismos alternativos de resolución de disputas, como mediación o arbitraje. Estos métodos ofrecen un enfoque más rápido y menos adversarial que los litigios judiciales tradicionales.

8.3.2 Negociación de Buena Fe

Búsqueda de Soluciones Mutuamente Aceptables: Cuando surja un conflicto, promueva la negociación de buena fe entre las partes. Fomente la búsqueda de soluciones mutuamente aceptables, priorizando el diálogo y la colaboración en lugar de un enfoque adversarial.

8.3.3 Mediación

Participación de Terceros Imparciales: La mediación implica la presencia de un tercero imparcial que facilita la comunicación entre las partes y ayuda en la búsqueda de un acuerdo. Considere la mediación como una opción antes de recurrir a procesos legales más formales.

8.3.4 Arbitraje

Decisión de un Árbitro Independiente: El arbitraje involucra a un árbitro independiente que toma una decisión vinculante sobre la disputa. Esta es una alternativa a la litigación judicial y puede ofrecer una solución más rápida y eficiente.

8.3.5 Litigio Judicial

Último Recurso: El litigio judicial es el último recurso y generalmente es más prolongado y costoso. Sin embargo, en algunos casos, puede ser la única opción. Asegúrese de que las cláusulas contractuales relacionadas con el litigio judicial sean claras y detalladas.

8.3.6 Evaluación de Riesgos y Costos

Análisis Previo a la Toma de Decisiones: Antes de elegir un método de resolución de disputas, evalúe cuidadosamente los riesgos y costos asociados con cada opción. Considere factores como tiempo, gastos legales y el impacto potencial en las relaciones comerciales.

8.3.7 Cumplimiento con Cláusulas Contractuales

Garantía de Adhesión a las Disposiciones Contractuales: Ambas partes deben cumplir con las cláusulas contractuales relacionadas con la resolución de litigios. Esto incluye el seguimiento de los procedimientos establecidos en el contrato para resolver disputas, asegurando que ambas partes sean tratadas de manera justa.

8.3.8 Profesionales Jurídicos Especializados

Consulta a Abogados Especializados: En situaciones de litigio, buscar orientación de abogados especializados en resolución de disputas o en el área específica del contrato puede ser crucial. Profesionales jurídicos especializados pueden ofrecer ideas valiosas y representación efectiva.

8.3.9 Documentación Adecuada

Registro Detallado de los Eventos: Mantenga una documentación detallada de todos los eventos relacionados con la disputa. Esto puede incluir comunicaciones, contratos, registros de reuniones y cualquier correspondencia relevante. La documentación adecuada fortalece la posición de ambas partes en cualquier método de resolución elegido.

8.3.10 Preservación de la Relación

Priorización de la Relación Comercial: Incluso en medio de un litigio, busque preservar la relación comercial siempre que sea posible. La resolución de disputas no debe ser solo sobre ganar o perder, sino también sobre mantener relaciones profesionales que puedan ser valiosas en el futuro.

Adoptando estrategias efectivas de resolución de litigios, mitigará el impacto negativo de estas situaciones y mantendrá la integridad de su negocio.

Capítulo 9

Herramientas y Recursos Útiles

9.1 Softwares y Aplicaciones para Gestión

La gestión eficiente es esencial para el éxito en la prestación de servicios. En este primer tema, exploraremos diversas herramientas y aplicaciones que pueden optimizar la gestión de su negocio, proporcionando mayor eficiencia operativa, organización y mejor control sobre las actividades.

9.1.1 Sistemas de Gestión Empresarial (ERP):

Los ERP integran diversas áreas del negocio, como finanzas, recursos humanos, ventas y logística. Herramientas como SAP, Oracle NetSuite y Microsoft Dynamics ofrecen soluciones integrales para una gestión más integrada y eficiente.

9.1.2 Herramientas de Gestión de Proyectos:

Para una gestión efectiva de proyectos, aplicaciones como Asana, Trello y Microsoft Project son valiosas. Estas herramientas facilitan el seguimiento de tareas, el intercambio de documentos y la comunicación entre equipos.

9.1.3 Plataformas de Comunicación y Colaboración:

El éxito en la prestación de servicios a menudo depende de la comunicación eficiente. Herramientas como Slack, Microsoft Teams y Zoom ofrecen entornos virtuales colaborativos, facilitando la comunicación entre el equipo y los clientes.

9.1.4 Herramientas de Contabilidad:

La gestión financiera es crucial. Herramientas como QuickBooks, Xero y Sage facilitan la contabilidad, facturación y control financiero, garantizando una visión clara de la salud financiera del negocio.

9.1.5 CRM (Customer Relationship Management):

Para fortalecer la relación con los clientes, los CRM como Salesforce, HubSpot y Zoho CRM son esenciales. Estas plataformas ayudan a gestionar contactos, registrar interacciones y personalizar estrategias de atención al cliente.

9.1.6 Herramientas de Automatización de Marketing:

Automatizar procesos de marketing puede ahorrar tiempo y mejorar la eficacia. Herramientas como HubSpot, Mailchimp y Marketo ayudan en la automatización de correos electrónicos, campañas y análisis de resultados.

9.1.7 Softwares de Gestión de Tareas:

Mantener las tareas organizadas es vital. Herramientas como Todoist, Wunderlist (o su sucesor Microsoft To Do) y Remember The Milk ayudan en la organización diaria y el seguimiento de las actividades.

9.1.8 Plataformas de Almacenamiento en la Nube:

Para facilitar el acceso y el intercambio de documentos, el almacenamiento en la nube es esencial. Servicios como Google Drive, Dropbox y Microsoft OneDrive ofrecen soluciones seguras y colaborativas.

9.1.9 Softwares de Videoconferencia y Webinars:

Con la creciente necesidad de comunicación virtual, herramientas como Zoom, Microsoft Teams y Webex son fundamentales para reuniones, presentaciones y capacitaciones en línea.

9.1.10 Herramientas de Seguridad Cibernética:

Proteger datos sensibles es una prioridad. Herramientas como Norton, McAfee y Bitdefender ofrecen soluciones de seguridad cibernética, protegiendo contra amenazas en línea.

9.1.11 Plataformas de Análisis de Datos:

Para tomar decisiones informadas, herramientas de análisis de datos como Tableau, Google Analytics y Microsoft Power BI ofrecen información valiosa sobre el desempeño del negocio.

Al incorporar estas herramientas en su práctica, fortalecerá la gestión de su negocio, garantizando una mayor eficiencia y alineación con las demandas de la prestación de servicios. En el próximo tema, exploraremos consideraciones éticas en la prestación de servicios y cómo estos principios pueden impactar positivamente en su práctica profesional.

Plataformas de Marketing

9.2 Plataformas de Marketing Online

En un entorno digital altamente competitivo, las plataformas de marketing online desempeñan un papel crucial en la promoción y visibilidad de los servicios prestados. En este tema, exploraremos algunas de las principales plataformas de marketing online que pueden impulsar la presencia de su negocio en Internet.

9.2.1 Google Ads: Google Ads es una plataforma de publicidad poderosa que permite crear anuncios que aparecen en los resultados de búsqueda de Google, en sitios web asociados y en YouTube. Con una segmentación precisa, puede dirigir sus anuncios al público adecuado.

9.2.2 Facebook Ads: Con una enorme base de usuarios, Facebook Ads ofrece una plataforma sólida para crear anuncios segmentados. Puede dirigir su audiencia según la demografía, intereses y comportamientos, aumentando la eficacia de su campaña.

9.2.3 Instagram for Business: Instagram es una plataforma visual poderosa, especialmente para negocios centrados en contenido visual. Instagram for Business ofrece herramientas de análisis y promoción para impulsar la visibilidad de la marca a través de fotos y videos cautivadores.

9.2.4 LinkedIn Advertising: Si su negocio se enfoca en servicios B2B, la publicidad en LinkedIn es esencial. Le permite segmentar anuncios según cargos, sectores y empresas, alcanzando a profesionales relevantes para su área de trabajo.

9.2.5 Twitter for Business: Twitter for Business ofrece oportunidades de promoción a través de tweets patrocinados y anuncios. Es una plataforma efectiva para aumentar la visibilidad de la marca y conectarse con su audiencia a través de mensajes cortos y directos.

9.2.6 YouTube Advertising: YouTube es la plataforma de intercambio de videos más grande del mundo. Los anuncios en YouTube pueden llegar a una amplia audiencia, y puede dirigir sus anuncios según intereses, palabras clave y comportamientos de visualización.

9.2.7 Plataformas de Email Marketing: Herramientas como Mailchimp, Sendinblue y Constant Contact son esenciales para estrategias de email marketing. Permiten crear campañas personalizadas, automatizar flujos de trabajo y rastrear métricas importantes.

9.2.8 Herramientas de SEO: La Optimización de Motores de Búsqueda (SEO) es crucial para la visibilidad online. Herramientas como SEMrush, Moz y Ahrefs ayudan a optimizar su sitio web, realizar análisis de competidores y mejorar su clasificación en los resultados de búsqueda.

9.2.9 Plataformas de Content Marketing: Plataformas como HubSpot, CoSchedule y ContentStudio son ideales para administrar estrategias de content marketing. Ofrecen recursos para creación, programación y análisis de contenido, contribuyendo al crecimiento orgánico.

9.2.10 Google Analytics: Para comprender el rendimiento online, Google Analytics es esencial. Proporciona información detallada sobre el tráfico del sitio web, el comportamiento del usuario y la eficacia de las campañas, lo que permite ajustes estratégicos.

9.2.11 Canales de Video en Vivo: Plataformas como Facebook Live, Instagram Live y YouTube Live ofrecen oportunidades para conectarse en tiempo real con su audiencia. El video en vivo es una herramienta valiosa para el compromiso y la interacción directa.

Al incorporar estratégicamente estas plataformas de marketing online en su enfoque, aumentará la visibilidad de su negocio, llegando efectivamente a su público objetivo.

Networking

9.3 Recursos de Networking

El networking es una parte fundamental de la construcción y crecimiento de un negocio en la prestación de servicios. En este tema, exploraremos diversas herramientas y recursos que pueden impulsar sus iniciativas de networking, conectándolo con profesionales, clientes y oportunidades de negocios.

9.3.1 LinkedIn:

LinkedIn es una plataforma de networking profesional ampliamente utilizada. Además de crear un perfil profesional sólido, puede participar en grupos relevantes para su área, compartir ideas e conectarse con profesionales que pueden ser valiosos para su negocio.

9.3.2 Eventos y Conferencias Online:

Participar en eventos y conferencias online ofrece valiosas oportunidades de networking. Plataformas como Eventbrite, Meetup y Zoom facilitan la participación en eventos relacionados con su segmento, permitiendo conexiones significativas.

9.3.3 Herramientas de Networking Local:

Para construir conexiones en su comunidad local, utilice herramientas como Nextdoor, grupos locales en Facebook y aplicaciones específicas de la región. Esto facilita la conexión con otros proveedores de servicios locales y clientes potenciales.

9.3.4 Banco de Networking:

Mantener un banco de networking es una práctica eficaz. Herramientas como Contactually y Nimble ayudan a gestionar sus contactos, recordatorios de seguimiento e interacciones pasadas, fortaleciendo sus relaciones a lo largo del tiempo.

9.3.5 Redes de Antiguos Alumnos:

Si asistió a una institución educativa, aproveche las redes de antiguos alumnos. Plataformas como Graduway y AlumniFinder le permiten conectarse con ex alumnos, creando oportunidades de networking valiosas.

9.3.6 Plataformas de Colaboración Profesional:

Herramientas como Slack, Microsoft Teams y Trello no son solo para colaboración interna. También se pueden utilizar para conectarse con otros profesionales de su industria, participar en comunidades e intercambiar conocimientos.

9.3.7 Clubes y Asociaciones Profesionales:

Asociarse a clubes y asociaciones profesionales relevantes a su área de actuación es una estrategia eficaz de networking. La participación en reuniones y eventos de estas organizaciones puede abrir puertas a nuevas oportunidades.

9.3.8 Plataformas de Preguntas y Respuestas:

Participar en plataformas como Quora y Reddit no solo le permite compartir su conocimiento, sino también conectarse con profesionales y clientes potenciales que buscan orientación en su área de especialización.

9.3.9 Aplicaciones de Networking Profesional:

Algunas aplicaciones están diseñadas específicamente para facilitar el networking profesional. Ejemplos incluyen Shapr, Bumble Bizz y Weave, que conectan a profesionales con intereses similares.

9.3.10 Webinars y Talleres Online:

Conducir webinars y talleres online no solo resalta su experiencia, sino que también crea oportunidades de networking. Plataformas como Zoom y Webex permiten interacciones en tiempo real y pueden atraer a una audiencia diversa.

9.3.11 Plataformas de Freelancers:

Si es un proveedor de servicios independiente, plataformas como Upwork, Freelancer y Fiverr no solo ofrecen oportunidades de trabajo, sino que también permiten construir una red de clientes y colegas de trabajo.

Al aprovechar estas herramientas de networking, construirá una red profesional sólida, abriendo puertas a colaboraciones, asociaciones y oportunidades de crecimiento para su negocio.

Capítulo 10

Mejora Profesional Continua

10.1 Participación en Eventos y Talleres

La mejora profesional continua es esencial para mantenerse relevante en un entorno empresarial en constante evolución. Participar en eventos y talleres es una estrategia valiosa para adquirir nuevos conocimientos, desarrollar habilidades y ampliar tu red de contactos. En este primer tema, exploraremos la importancia y las mejores prácticas para aprovechar al máximo estas oportunidades de aprendizaje.

10.1.1 Importancia de la Participación en Eventos:

- **Actualización de Conocimientos:** Participar en eventos proporciona acceso a información y tendencias recientes en tu área de actuación. Conferencias, paneles y presentaciones ofrecen valiosos conocimientos que pueden impulsar la innovación en tus servicios.

- **Networking Profesional:** Los eventos son entornos propicios para construir y fortalecer tu red profesional. Conectar con colegas de la industria, expertos y clientes potenciales puede resultar en asociaciones estratégicas y oportunidades de negocio.

- **Inspiración y Motivación:** El contacto con profesionales inspiradores y casos de éxito puede motivar y energizar tu propio trabajo. Compartir experiencias y desafíos en eventos proporciona una perspectiva única que puede impulsar tu crecimiento profesional.

10.1.2 Elección Estratégica de Eventos:

- **Alineación con Objetivos Profesionales:** Selecciona eventos que estén alineados con tus objetivos profesionales. Considera áreas en las que desees mejorar tus habilidades, explorar nuevas tendencias o ampliar tu red de contactos.

- **Variedad de Formatos:** Elige eventos que ofrezcan una variedad de formatos, como conferencias, talleres interactivos, sesiones prácticas y oportunidades de networking. Esto proporcionará una experiencia más completa.

10.1.3 Preparación y Compromiso Efectivo:

- **Estudio Previo del Programa:** Antes del evento, estudia el programa para identificar sesiones y ponentes de interés. Esto te permitirá maximizar tu tiempo y participar en las actividades más relevantes para tus objetivos.

- **Participación Activa en las Discusiones:** Contribuye en las discusiones y realiza preguntas durante las sesiones. Esto no solo demuestra tu compromiso, sino que también brinda oportunidades de interacción con los ponentes y otros participantes.

10.1.4 Networking Estratégico:

- **Tarjetas de Visita y Perfil en Línea:** Ten tarjetas de visita actualizadas y crea un perfil en línea que resalte tus habilidades y experiencias. Esto facilita el intercambio de información durante los eventos y ayuda a que los contactos te recuerden después del evento.

- **Participación en Actividades de Networking:** Aprovecha las actividades de networking ofrecidas durante los eventos, como cócteles, cafés y mesas redondas. Estos momentos informales son ideales para establecer conexiones más personales.

10.1.5 Aprovechamiento Post-Evento:

- **Seguimiento con los Contactos:** Después del evento, realiza un seguimiento con los contactos que hayas hecho. Envía correos electrónicos personalizados, conéctate en redes sociales y explora oportunidades de colaboración que puedan surgir de estas conexiones.

- **Aplicación Práctica del Conocimiento:** Implementa los conocimientos adquiridos en tu trabajo diario. La aplicación práctica es fundamental para convertir la información en acciones efectivas y mejorar tu desempeño profesional.

Al participar activamente en eventos y talleres, no solo inviertes en el desarrollo de tus habilidades, sino también en la construcción de una red sólida y valiosa.

Educación Continua

10.2 Educación Continua

La educación continua es un pilar esencial para los profesionales que buscan mantenerse actualizados y competitivos en sus áreas de trabajo. En este segundo tema, exploraremos la importancia de la educación continua, sus diversas formas y estrategias efectivas para garantizar un aprendizaje continuo a lo largo de la carrera.

10.2.1 Importancia de la Educación Continua:

- **Actualización de Conocimientos:** La rápida evolución de las industrias requiere que los profesionales estén constantemente actualizados. La educación continua es clave para comprender nuevas tecnologías, tendencias de mercado e innovaciones en el campo de actuación.

- **Mantenimiento de la Relevancia Profesional:** Los profesionales que buscan constantemente mejorar sus habilidades y conocimientos se mantienen relevantes en un mercado laboral dinámico. Esto no solo preserva la empleabilidad, sino que también contribuye a oportunidades de avance en la carrera.

10.2.2 Formas de Educación Continua:

- **Cursos Presenciales y en Línea:** La oferta de cursos presenciales y en línea es vasta. Plataformas como Coursera, Udemy y LinkedIn Learning proporcionan acceso a una variedad de cursos en diversas áreas, permitiendo flexibilidad para aprender a tu propio ritmo.

- **Certificaciones Profesionales:** Las certificaciones son reconocidas como evidencias tangibles de conocimientos y habilidades. Buscar certificaciones relevantes para tu área de actuación es una manera efectiva de validar tus competencias ante empleadores y clientes.

- **Participación en Conferencias y Seminarios:** Las conferencias y seminarios ofrecen la oportunidad de aprender con expertos, discutir temas relevantes y ampliar la comprensión sobre desafíos y tendencias en la industria.

10.2.3 Estrategias Eficientes para la Educación Continua:

- **Establecimiento de Metas Claras:** Define metas educativas claras, identificando áreas específicas que deseas mejorar. Estas metas servirán como guías para la selección de cursos y actividades de aprendizaje.

- **Programación Regular de Estudios:** Reserva tiempo regularmente para estudios y aprendizaje. Crear una programación dedicada a la educación continua garantiza consistencia y evita que esta práctica sea descuidada en el día a día profesional.

- **Participación en Comunidades Profesionales:** Involúcrate en comunidades profesionales en línea y fuera de línea. Intercambiar conocimientos y experiencias con colegas amplía tu perspectiva y proporciona aprendizaje continuo a través de interacciones colaborativas.

10.2.4 Inversión en Desarrollo Personal:

- **Desarrollo de Habilidades Complementarias:** Además de las habilidades técnicas, invierte en habilidades complementarias como liderazgo, comunicación y resolución de problemas. Estas competencias son cada vez más valoradas en el entorno laboral.

- **Exploración de Nuevas Áreas:** Mantente abierto a explorar nuevas áreas relacionadas con tu profesión. Esto amplía tu conjunto de habilidades y te permite destacarte en aspectos multifacéticos de tu campo.

10.2.5 Retroalimentación y Evaluación Continua:

- **Solicitud de Retroalimentación:** Busca retroalimentación regularmente de colegas, mentores o instructores. La retroalimentación constructiva ayuda a identificar áreas de mejora y adaptar tu enfoque de aprendizaje.

- **Evaluación Continua del Progreso:** Evalúa regularmente tu progreso en relación con las metas establecidas. Esto te permite ajustar tu plan de educación continua según sea necesario y mantenerse alineado con tus objetivos.

10.2.6 Mentoría y Asesoramiento:

- **Búsqueda de Mentores:** Establece relaciones con profesionales experimentados que puedan orientarte en tu desarrollo profesional. La mentoría es una herramienta valiosa para obtener ideas, consejos prácticos y orientación en la educación continua.

Al incorporar la educación continua como una práctica constante en tu carrera, estarás equipado para enfrentar los desafíos dinámicos del mercado y prosperar en entornos profesionales en constante evolución.

Adaptación a los Cambios

10.3 Adaptación a los Cambios en el Mercado

La capacidad de adaptación es una habilidad crucial para los profesionales que buscan destacarse en un mercado en constante transformación. En este tercer tema, exploraremos la importancia de la adaptación a los cambios, estrategias para identificar tendencias y cómo cultivar una mentalidad flexible para prosperar ante nuevos desafíos.

10.3.1 Importancia de la Adaptación:

- **Respuesta a Tendencias Emergentes:** La adaptación te permite responder rápidamente a tendencias emergentes. Aquellos que pueden anticipar y abrazar los cambios en el mercado tienen una ventaja competitiva significativa.

- **Mantenimiento de la Relevancia:** La constante evolución del mercado requiere que los profesionales se mantengan relevantes. Aquellos que resisten la estagnación y buscan constantemente adaptarse están mejor posicionados para enfrentar desafíos y aprovechar oportunidades.

10.3.2 Estrategias para Identificar Cambios:

- **Seguimiento de Tendencias del Sector:** Mantente actualizado sobre las tendencias del sector mediante lecturas regulares, participación en conferencias y participación en comunidades profesionales. Comprender el entorno en el que operas es fundamental para la adaptación.

- **Networking y Conexiones Profesionales:** Establece una red sólida de contactos profesionales. Compartir información e ideas con colegas y mentores puede proporcionar perspectivas valiosas sobre cambios inminentes y oportunidades emergentes.

10.3.3 Cultivo de una Mentalidad Flexible:

- **Aceptación de la Incertidumbre:** Desarrolla una mentalidad que acepte la incertidumbre como parte del proceso. En entornos dinámicos, la capacidad de manejar situaciones inciertas y adaptarse rápidamente es una habilidad esencial.

- **Aprendizaje Continuo:** Ábrete al aprendizaje continuo. Está dispuesto a adquirir nuevas habilidades, incluso si eso implica salir de tu zona de confort. La búsqueda constante de conocimiento fortalece tu capacidad de adaptación.

10.3.4 Resiliencia y Gestión del Cambio:

- **Desarrollo de la Resiliencia:** La resiliencia es la capacidad de recuperarse de adversidades. Cultiva esta habilidad para enfrentar desafíos de manera constructiva, aprendiendo de las experiencias y aplicando lecciones aprendidas.

- **Participación en Entrenamientos de Gestión del Cambio:** Los entrenamientos específicos en gestión del cambio pueden proporcionar herramientas y estrategias para manejar transiciones de manera efectiva. Esto facilita la adaptación personal e influye positivamente en equipos y organizaciones.

10.3.5 Innovación Personal y Profesional:

- **Estímulo a la Creatividad:** Cultiva la creatividad como una habilidad para buscar soluciones innovadoras. Está abierto a experimentar nuevas aproximaciones y desafiar el status quo, contribuyendo a la innovación en tu campo.

- **Experimentación Controlada:** Realiza experimentos controlados en tu práctica profesional. Prueba nuevas ideas, metodologías o estrategias antes de implementarlas a gran escala. La experimentación permite ajustes y refinamientos con menor riesgo.

10.3.6 Monitoreo del Ambiente Laboral:

- **Observación de Indicadores del Mercado:** Estate atento a indicadores del mercado, como cambios regulatorios, avances tecnológicos y comportamientos del consumidor. Esta información puede señalar cambios inminentes que afectarán tu área de actuación.

- **Evaluación Continua de la Competencia:** Monitorea las prácticas y estrategias de la competencia. El análisis de la competencia proporciona información sobre lo que está funcionando y lo que no, guiando ajustes en tu enfoque.

Al adoptar un enfoque proactivo hacia la adaptación, te mantendrás a la vanguardia de los cambios y contribuirás a dar forma a tu entorno profesional.

Capítulo 11

Estudios de Caso Ejemplos Prácticos de Proveedores de Servicios Exitosos

En el capítulo 11, exploraremos estudios de caso inspiradores de proveedores de servicios que alcanzaron el éxito mediante estrategias innovadoras, habilidades excepcionales y un enfoque dedicado a la excelencia. Estos ejemplos prácticos ofrecen valiosas ideas y lecciones aprendidas que pueden inspirar a otros profesionales a mejorar sus propias prácticas.

Estudio de Caso 1: María, Consultora de Marketing Digital Desafío: María, una consultora de marketing digital, enfrentó el desafío de destacarse en un mercado saturado. Ella percibió la importancia de especializarse en un área específica para diferenciarse de la competencia.
Estrategias Exitosas:

- **Nicho Específico:** María optó por especializarse en marketing digital para pequeñas empresas locales, construyendo una sólida reputación en ese nicho.

- **Networking Activo:** Participó regularmente en eventos locales, conectándose con empresarios y construyendo una red de contactos que resultó en asociaciones estratégicas.

- **Educación Continua:** Se mantuvo al día con las últimas tendencias en marketing digital a través de cursos en línea y certificaciones, asegurando que sus servicios estuvieran siempre alineados con las mejores prácticas. **Resultado:** María ganó una base de clientes leales y vio crecer su negocio a medida que se convirtió en un referente en marketing digital para pequeñas empresas locales.

Estudio de Caso 2: Carlos, Desarrollador de Software Freelance Desafío: Carlos, un desarrollador de software independiente, enfrentó el desafío de asegurar un flujo constante de proyectos y clientes. **Estrategias Exitosas:**

- **Fuerte Presencia en Línea:** Creó un portafolio en línea detallado, destacando proyectos anteriores, testimonios de clientes y sus habilidades técnicas.

- **Colaboración en Plataformas Freelance:** Utilizó plataformas de freelancers como Upwork y Freelancer para encontrar proyectos adicionales y construir su reputación.

- **Networking Profesional:** Participó activamente en comunidades en línea de desarrolladores, intercambiando conocimientos, recibiendo retroalimentación y, ocasionalmente, obteniendo referencias de otros profesionales. **Resultado:** Carlos estableció una sólida reputación como freelancer, con una base de clientes diversificada. Su éxito también resultó en oportunidades de proyectos más complejos y bien remunerados.

Estudio de Caso 3: Ana, Coach de Desarrollo Personal Desafío: Ana, una coach de desarrollo personal, enfrentó el desafío de construir una práctica de coaching exitosa en un mercado altamente competitivo. **Estrategias Exitosas:**

- **Marca Personal:** Invirtió en el desarrollo de su marca personal, creando un sitio web profesional, participando en podcasts y escribiendo artículos sobre desarrollo personal.

- **Programas de Coaching Especializados:** Desarrolló programas de coaching especializados para atender a audiencias específicas, como profesionales en transición de carrera y emprendedores principiantes.

- **Colaboración con Otros Coaches:** Estableció asociaciones con otros coaches para ofrecer talleres y eventos conjuntos, ampliando su visibilidad en el mercado. **Resultado:** Ana construyó una sólida práctica de coaching, atrayendo clientes a través de su presencia en línea, programas especializados y colaboraciones estratégicas.

Estos estudios de caso ilustran la diversidad de enfoques que los proveedores de servicios exitosos adoptan para lograr el éxito en sus respectivas áreas. En el próximo capítulo, abordaremos la importancia de la ética en la prestación de servicios y cómo esto contribuye a construir una reputación duradera.

Capítulo 12

Ética en la Prestación de Servicios y su Contribución a la Construcción de una Reputación Duradera

La ética juega un papel fundamental en la prestación de servicios, ya que influye directamente en la forma en que los profesionales interactúan con los clientes, enfrentan desafíos y conducen sus negocios. Aquí hay algunos puntos esenciales sobre la ética en la prestación de servicios y cómo contribuye a la construcción de una reputación duradera:

1. **Transparencia y Honestidad:**
   - La transparencia y la honestidad son principios éticos esenciales. Los prestadores de servicios deben ser transparentes sobre sus procesos, precios y políticas, proporcionando información clara y precisa a los clientes.

2. **Integridad en las Relaciones con los Clientes:**
   - Mantener la integridad en las relaciones con los clientes es fundamental. Esto incluye cumplir promesas, respetar plazos y garantizar la calidad del servicio

prestado, incluso cuando nadie está observando.

3. **Respeto por la Confidencialidad y Privacidad:**

    - Respetar la confidencialidad y la privacidad de la información de los clientes es crucial. Los prestadores de servicios deben proteger los datos confidenciales y utilizar esa información solo para los fines acordados con el cliente.

4. **Equidad y Justicia:**

    - La equidad y la justicia deben guiar las decisiones y acciones de los prestadores de servicios. Esto significa tratar a todos los clientes de manera justa e imparcial, independientemente de su origen, estatus o identidad.

5. **Responsabilidad Social y Ambiental:**

    - Los prestadores de servicios tienen la responsabilidad de considerar el impacto social y ambiental de sus operaciones. Esto incluye adoptar prácticas sostenibles, promover la diversidad e inclusión, y contribuir al bienestar de la comunidad.

6. **Gestión Ética de Conflictos de Interés:**

    - Los prestadores de servicios deben gestionar los conflictos de interés de manera ética, priorizando los intereses de los clientes y evitando situaciones en las que sus intereses personales puedan perjudicar la imparcialidad u objetividad.

7. **Comunicación Clara y Abierta:**

   - La comunicación clara y abierta es esencial para establecer y mantener la confianza con los clientes. Los prestadores de servicios deben comunicarse de manera honesta y accesible, evitando información engañosa o ambigua.

8. **Aprender de los Errores y Asumir Responsabilidad:**

   - Reconocer los errores y asumir responsabilidad por ellos es una parte importante de la ética en la prestación de servicios. Los prestadores de servicios deben estar dispuestos a aprender de los errores y tomar medidas para corregirlos y evitar que ocurran nuevamente.

Construcción de una Reputación Duradera:

- Al adoptar un enfoque ético en la prestación de servicios, los profesionales construyen una reputación sólida y duradera. La confianza de los clientes se gana con el tiempo a través de acciones consistentes y comportamiento ético.

- Una reputación positiva basada en la ética no solo atrae nuevos clientes, sino que también fomenta la fidelidad y el boca a boca positivo. Los clientes valoran a los prestadores de servicios que demuestran integridad, responsabilidad y respeto.

- Además, una reputación ética fortalece las relaciones con los clientes, lo que resulta en asociaciones a largo plazo y referencias positivas. Los clientes confían en los prestadores de servicios que demuestran compromiso con la ética y responsabilidad social.

En resumen, la ética en la prestación de servicios no es solo una cuestión de cumplimiento de normas y regulaciones, sino un imperativo para el éxito sostenible. Al priorizar la ética en todas las interacciones y decisiones, los prestadores de servicios construyen una base sólida para una reputación duradera y relaciones comerciales mutuamente beneficiosas.

La importancia del "Buen Nombre"

El prestador de servicios es una figura central en cualquier sector, siendo responsable de entregar soluciones y atender las necesidades de los clientes. Sin embargo, además de proporcionar un servicio de calidad, es crucial que el prestador cuide su buen nombre y reputación. La reputación de un prestador de servicios es un activo valioso, construido a lo largo del tiempo mediante acciones consistentes y comportamiento ético. Es esta reputación la que influye en la confianza de los clientes, la lealtad y el crecimiento del negocio.

Al basar su actuación en sólidos principios éticos, el prestador de servicios demuestra su compromiso con estándares elevados de conducta profesional. La ética es el fundamento sobre el cual todas las interacciones y transacciones comerciales deben construirse. Ella guía las decisiones del prestador, asegurando que haga lo correcto, incluso cuando nadie está observando. Esta integridad es fundamental para mantener la confianza de los clientes y preservar la reputación del prestador de servicios.

La ética en la prestación de servicios va más allá de simplemente cumplir con las leyes y regulaciones. Implica actuar de manera justa, honesta y responsable en todas las situaciones. Esto incluye ser transparente con los clientes, respetar su privacidad y confidencialidad, y cumplir con los compromisos asumidos. Cuando un prestador de servicios opera sobre la base de estos principios éticos, construye una base sólida para relaciones a largo plazo con los clientes.

Una reputación manchada por prácticas antiéticas puede tener repercusiones devastadoras para el prestador de servicios. La pérdida de confianza de los clientes puede llevar a la pérdida de negocios y oportunidades futuras. Además, la mala reputación puede propagarse rápidamente a través del boca a boca negativo y las redes sociales, afectando la credibilidad del prestador y su capacidad para competir en el mercado.

Por otro lado, un buen nombre basado en la ética puede ser un diferencial competitivo poderoso. Los clientes valoran a los prestadores de servicios que demuestran integridad, confiabilidad y compromiso con su bienestar. Una reputación positiva puede atraer nuevos clientes, generar recomendaciones y fortalecer los lazos con los clientes existentes. Es un ciclo virtuoso en el que la ética alimenta la reputación y la reputación fortalece la ética.

Además, la ética en la prestación de servicios contribuye a la sostenibilidad a largo plazo del negocio. Los prestadores de servicios que operan de manera ética tienden a evitar problemas legales, litigios y daños a la imagen de la empresa. También están mejor posicionados para enfrentar desafíos y crisis, ya que cuentan con la confianza y el apoyo de sus clientes y comunidades.

Por lo tanto, es del interés de todo prestador de servicios cuidar su buen nombre y actuar con integridad en todas las áreas de su actuación. La ética no es solo una obligación moral, sino también una estrategia inteligente para el éxito a largo plazo. Al construir y preservar una reputación ética, el prestador de servicios establece las bases para relaciones duraderas, crecimiento sostenible y prosperidad continua.

Conclusión

Recapitulación de los Puntos Clave

En el capítulo final, es crucial recapitular los puntos clave discutidos a lo largo de este manual, proporcionando una visión integral y destacando las principales lecciones aprendidas. Vamos a repasar los elementos esenciales que se exploraron para fortalecer la comprensión y preparación del prestador de servicios.

Aprendizaje Profesional Continuo:

- La educación continua es esencial para mantenerse actualizado y relevante en un mercado dinámico.
- Participar en eventos, talleres y buscar certificaciones son estrategias fundamentales para el desarrollo profesional.

Adaptación a los Cambios en el Mercado:

- La capacidad de adaptación es crucial para enfrentar desafíos y aprovechar oportunidades en un entorno empresarial en constante evolución.
- Identificar tendencias, cultivar una mentalidad flexible y gestionar cambios son elementos clave para la adaptación eficaz.

Estudios de Casos Inspiradores:

- Ejemplos prácticos de prestadores de servicios exitosos destacan la importancia de estrategias específicas, como la especialización, el networking, la presencia en línea y las colaboraciones estratégicas.

- La diversidad de enfoques muestra que no hay una única receta para el éxito, sino la necesidad de adaptar estrategias a la realidad individual.

Ética en la Prestación de Servicios:

- La integridad y la ética son fundamentales para construir una reputación sólida y sostenible.

- Tomar decisiones éticas contribuye a la confianza del cliente, la fidelización y el crecimiento sostenible del negocio.

Equilibrio Entre Vida Profesional y Personal:

- La búsqueda de un equilibrio saludable entre la vida profesional y personal es crucial para la salud mental, la satisfacción profesional y el rendimiento consistente.

Consideraciones Jurídicas y Contractuales:

- Comprender las formas legales, las licencias necesarias y la elaboración de contratos es esencial para establecer y proteger un negocio en la prestación de servicios.

Marketing Personal y Gestión de Clientes:

- Construir una marca personal sólida, utilizar estrategias de marketing efectivas y mejorar las habilidades de gestión de clientes son elementos clave para el éxito en la prestación de servicios.

Buenas Prácticas en la Prestación de Servicios:

- Elaborar contratos sólidos, gestionar proyectos de manera eficiente y priorizar la calidad en la atención son buenas prácticas que contribuyen al éxito a largo plazo.

Aspectos Legales y Contractuales:

- Conocer los derechos y deberes, resolver disputas de manera efectiva y mantenerse actualizado sobre aspectos legales son componentes esenciales para la seguridad jurídica del prestador de servicios.

Herramientas y Recursos Útiles:

- Utilizar software de gestión, plataformas de marketing en línea y recursos de networking son estrategias para optimizar operaciones y promover el crecimiento del negocio.

Recapitulación Final:

- La combinación de aprendizaje continuo, adaptación proactiva, prácticas éticas, equilibrio entre vida profesional y personal, además de la aplicación efectiva de estrategias de negocios, forma la base para el éxito duradero en la prestación de servicios.

Al internalizar estos puntos clave, los prestadores de servicios estarán equipados para enfrentar los desafíos y prosperar en un entorno profesional dinámico. Este manual sirve como una guía integral, pero recuerde que el éxito es un viaje continuo de aprendizaje y mejora. ¡Buena suerte en su viaje en la prestación de servicios!

Aliento para el Éxito Continuo

Al llegar al final de este manual, es esencial ofrecer palabras de encorajamento para inspirar y motivar a los prestadores de servicio en su búsqueda de éxito continuo. Aquí hay algunos puntos clave que pueden servir como guía para un viaje duradero y exitoso en la prestación de servicios:

1. **Cultiva una Mentalidad de Aprendizaje:**
   - Enfrenta cada desafío como una oportunidad de aprendizaje. Mantente curioso y abierto a nuevas ideas y enfoques innovadores.

2. **Sé Adaptable y Flexible:**
   - El entorno empresarial está en constante evolución. La capacidad de adaptarse a los cambios con flexibilidad es una habilidad valiosa. Ve los cambios como oportunidades de crecimiento.

3. **Construye Relaciones Sólidas:**
   - Las relaciones son la base del éxito en la prestación de servicios. Cultiva conexiones auténticas, construye una red sólida e invierte en el desarrollo de asociaciones duraderas.

4. **Mantén una Actitud Ética:**
   - La ética es la columna vertebral de una reputación sólida. Toma decisiones basadas en valores, sé transparente en tus interacciones y mantén la integridad en todas las transacciones.

5. **Cuida de tu Bienestar:**
   - Recuerda que el éxito no es solo profesional, sino también personal. Cuida de tu salud mental y física, manteniendo un equilibrio saludable entre vida profesional y personal.

6. **Celebra los Logros, Aprende de los Desafíos:**

    - Celebra cada logro, por pequeño que sea. Al enfrentar desafíos, considéralos como oportunidades de crecimiento. Cada experiencia contribuye a tu desarrollo.

7. **La Persistencia es la Clave:**

    - El camino hacia el éxito puede tener sus altibajos. La persistencia ante los desafíos es crucial. Continúa mejorando tus habilidades y estrategias, incluso cuando encuentres obstáculos.

8. **Mantente Conectado a la Comunidad Profesional:**

    - Participa en tu comunidad profesional. El intercambio de experiencias, conocimientos y el apoyo mutuo son elementos esenciales para el crecimiento continuo.

9. **Innova y Busca la Excelencia:**

    - Siempre busca la innovación. La búsqueda de la excelencia, ya sea en la calidad del servicio, la satisfacción del cliente o la eficiencia operativa, es una ventaja competitiva.

10. **Aprende de la Diversidad de Experiencias:**

    - La diversidad de experiencias, ya sea a través de proyectos, colaboraciones o interacciones, es una fuente rica de aprendizaje. Aprovecha las oportunidades para ampliar tus horizontes.

Recuerda que el éxito es un viaje continuo, y cada paso que das contribuye a tu crecimiento. Celebrar las victorias, aprender de los desafíos y seguir mejorando tus habilidades son elementos fundamentales para una carrera exitosa en la prestación de servicios.

Agradezco tu acompañamiento en este manual y te deseo un viaje lleno de logros, crecimiento profesional y satisfacción personal. Continúa avanzando en el camino del éxito con dedicación y pasión por la prestación de servicios. ¡Buena suerte!

Libros Recomendados de Recursos Adicionales

Para una inmersión más profunda y una fuente continua de ideas valiosas en tu viaje de prestación de servicios, recomendamos la lectura de los siguientes libros. Estas obras ofrecen perspectivas prácticas, estrategias probadas e inspiración para ayudar a mejorar tus habilidades profesionales y alcanzar el éxito sostenible:

1. **"La Startup Lean" por Eric Ries:**
   - Este libro aborda principios esenciales para emprendedores y prestadores de servicios, destacando la importancia de la innovación continua, la retroalimentación del cliente y la eficiencia operativa.

2. **"Vender es Humano" por Daniel H. Pink:**
   - Pink explora el arte de la venta y cómo todos, de alguna manera, están involucrados en actividades de venta. El libro ofrece ideas sobre persuasión, influencia y comunicación efectiva.

3. **"Deep Work" por Cal Newport:**
   - Newport aborda la importancia de la concentración profunda en un mundo lleno de distracciones.

Ofrece estrategias para maximizar la productividad y lograr resultados significativos.

4. **"El Poder del Hábito" por Charles Duhigg:**
   - Duhigg explora el poder de los hábitos y cómo entenderlos puede llevar a cambios positivos tanto en la vida personal como profesional.

5. **"Hábitos Atómicos" por James Clear:**
   - Clear explora cómo pequeños cambios en los hábitos diarios pueden llevar a grandes transformaciones. Ofrece estrategias prácticas para construir hábitos positivos.

6. **"Los 7 Hábitos de la Gente Altamente Efectiva" por Stephen R. Covey:**
   - Covey presenta siete hábitos fundamentales que pueden llevar a una vida más efectiva y productiva. Los principios discutidos tienen aplicaciones directas en la prestación de servicios.

7. **"Conversaciones Cruciales" por Kerry Patterson, Joseph Grenny, Ron McMillan y Al Switzler:**
   - Este libro aborda cómo manejar conversaciones difíciles e importantes, una habilidad crucial en

la gestión de clientes y la resolución de conflictos.

8. **"Empieza con el Porqué" por Simon Sinek:**

    - Sinek explora la importancia de comenzar con el "porqué" al comunicar una visión u ofrecer servicios. Destaca la conexión emocional como un catalizador para el éxito.

9. **"Mindset: La Nueva Psicología del Éxito" por Carol S. Dweck:**

    - Dweck explora la mentalidad fija versus la mentalidad de crecimiento y cómo esta última puede impactar positivamente en el rendimiento y el desarrollo.

10. **"Measure What Matters" por John Doerr:**

    - Este libro destaca la importancia de definir y medir objetivos clave para orientar el éxito en negocios y prestación de servicios.

Estos libros ofrecen una combinación de teoría y práctica, brindando ideas valiosas de expertos en diferentes áreas. Al incorporar las lecciones de estas obras en tu enfoque profesional, estarás mejor preparado para enfrentar desafíos y alcanzar tus metas en la prestación de servicios. ¡Buena lectura y éxito en tu viaje!

www.ingramcontent.com/pod-product-compliance
Lightning Source LLC
Chambersburg PA
CBHW062218220526
45471CB00009B/3255